中川右介

JN283790

悪の出世学

ヒトラー、スターリン、毛沢東

GS

幻冬舎新書

341

はじめに

スターリン、ヒトラー、毛沢東——二十世紀を語る際に避けて通ることのできない、三人の権力者である。毛沢東については「前半はよかったが、後半はダメ」など、まだ評価が定まらない部分もあるが、スターリンとヒトラーの二人は全面否定されている。この二人について、「悪いこともしたが、功績もあった」などと言おうものなら、袋叩きにあうだろう。

本書は、読み方によっては、この三人をお手本にしろという本になるかもしれないが、著者である私としては——多分、版元も——「この三人のように生きなさい」と言いたいわけではない。そのことは、まず明言しておく。

いまも、独裁国家は存在する。そして企業や団体のトップのなかには独裁的権力を握り行使しているワンマン経営者・ワンマン理事長もいるだろう。零細企業のほとんど、中小企業の多くは創業者あるいはその子孫によるワンマン経営だろう。

組織が大きくなるほどワンマン度は低くなる。昨今の大企業では、平社員として入社し、順調に出世していって社長になる、いわゆるサラリーマン経営者が多い。独裁度が低いという点では民主的ではあるが、大胆な決断ができないという弊害もある。

最近の政界には吉田茂や田中角栄といった大物政治家がいなくなったとよくいわれる。財界も同じで、財界団体のトップたちも昔に比べると小粒になったといわれる。他の業界でも二十世紀の終わりまでは、日本医師会の武見太郎会長や建築界の丹下健三のように、各界に「首領《ドン》」がいた。

文化、芸術においても同じだ。私はこれまでクラシック音楽や歌舞伎について書いてきたが、クラシック音楽の世界には、ヘルベルト・フォン・カラヤンという「帝王」と呼ばれる絶対的権力者が一九八九年まで君臨していた。歌舞伎界にも、六代目中村歌右衛門という存在があった。彼らが退場してからは、クラシックも歌舞伎も絶対的権力者は不在となり、よくいえば民主的に、悪くいえばダラダラとしたゆるい時代が続いている。

そうなると、独裁者・権力者、ドンが懐かしくなり、そういう存在を求める雰囲気になってくる。ＩＴ業界が脚光を浴び、ベンチャー経営者がもてはやされた背景には、現代の独裁者を求める雰囲気があったからかもしれない。

さて、組織のトップになる道筋には、大きく三つある。

ひとつが、創業である。創業時点では小さな組織であることがほとんどなので、トップは独裁せざるをえない。企業なり組織が拡大していく過程でも、独裁は容認される。多くの企業創業者は独裁者になりがちだ。

もうひとつは、世襲だ。日本を含め世界の多くにいまも世襲の国王がいる。日本も名称こそ「天皇」だが、王制である。世襲の王は基本的に任期はなく、即位したら死ぬまでその座にある。だが、こんにちではこの世襲の王に国家権力そのものを委ねている国は、ほとんどない。王には権威はあるが、国政への権力は持っていない国がほとんどだ。世襲の権力者に国家の全権を委ねているのは朝鮮民主主義人民共和国くらいであろう。

経営者が世襲の企業も多いが――というよりも、零細企業の大半は親の仕事を子供が継いでいる――この場合も有能な番頭が実務を仕切るほうがうまくいくケースが多い。

そしてトップになる三つ目の方法が、組織の末端から競争に勝ってトップになるパターンだ。こんにちの「サラリーマン経営者」の方法である。

スターリン、ヒトラー、毛沢東は、いずれも世襲の王ではない。ヒトラーは政権を獲得した時点ではナチ党のトップだったが、ナチ党の創立者ではない。毛沢東も中国共産党の創立メンバーのひとりではあったが、最初からトップだったわけではない。スターリンもソヴィエト共産党の前身であるロシア社会民主労働党の活動家として人生を始めたが、トップに立つまでには時間がかっている。

三人は、党内での競争というか抗争に勝ち抜いて党権力を掌握したのである。王家に生まれ、生まれた時から権力が約束されていたわけでもなければ、カリスマ的創業者だったわけでもない。組織の一員というポジションから叩き上げて、トップに上り詰めた。そして権力を握ると、反対する者を徹底的に粛清していった。

この本では、彼らが組織内で上り詰めていく過程と、権力掌握後、独裁者となって政敵をどのように葬り、絶対的権力を確立したかを描く。

そこから、何を読み取るか――出世術の教科書として参考にするか、告発の書として読むか、歴史の裏話集として読むか、警鐘の書として読むか、悪漢小説《ピカレスクロマン》として楽しむか――、それは読者諸氏の自由だ。著者としては、こんな人がいてこんなことをやった、と伝えたいだけなのだ。

三人は、叩き上げという共通点はあるが、組織内でのスタートの位置はそれぞれである。毛沢東は創立メンバーのひとりだったが、失脚し左遷されながらも、復権する。ヒトラーは創立メンバーではないが、まだ組織が小さい頃に加わり、出世していった。スターリンは巨大組織の末端から、出世していった。

彼らは二十世紀の著名な革命家・政治家であるが、三人とも、現代でいえばベンチャー企業の創業期からのメンバーだ。いまのベンチャー企業のほとんどはＩＴ革命という技術革新を背景にして生まれた。三人はいずれも皇帝が支配する国に生まれ、その帝政を倒して民主主義、さらには社会主義へ変革する政治革命の時代に生きた。その革命期に、少人数で始めた組織が巨大化していったのである。

したがって、本書は三人の権力者の出世物語でもあるが、二十世紀史の一断面であり三つのベンチャー企業の成長物語でもある。

私は歴史学者でも政治学者でもない。なのに、なぜ、こんな本を書くのか。

これまで、主に二十世紀に活躍したクラシックの音楽家についての本を何冊か書き、また編集者としても、二十世紀の芸術家の評伝を多く作ってきたのだが、ヒトラーとスターリンが一回も登場しない本はないといっていい。それほど、この二人の独裁者は、二十世紀に生きた人の人生に影響を与えた。

そんな興味から、この二人については以前から多くの本を読んできた。専門家の足元にも及ばないが、非専門家のなかでは詳しいほうだと思う。そこで、「出世」という切り口で、この二人の独裁者について書こうと思い立ったのだ。もうひとりの毛沢東は、クラシック音楽にはほとんど関係していないが、スターリン、ヒトラーに並ぶ者として加えた。

歴史を題材としているので、当然、資料に基づいているが、彼らはあまりにも巨大な権力を持っていたために、現役時代は自分に都合のいいように、その経歴を含めて歴史を書き換えていた。彼らの死後、さまざまな研究がなされ、歴史がさらに書き換えられている。

存命中は礼賛され死後は酷評されるので、評価の振幅が激しく、彼らの多くの伝記も著者の立場によって、ひとつの事実がまったく異なる様相を見せる。そうした差異を記していくときりがないので、「いつ・どこで・誰が・何を」したかという点で複数の資料をもとに確認したことを書いていくが、それでもさらに異説があるかもしれないことをお断りしておく。

悪の出世学／目次

第二部 栄達 87

第二章　ヒトラー
——我が闘争　119

第一部 立身

スターリン 1906年
ヒトラー 1914〜18年頃
毛沢東 1914年

第一章 スターリン
——仁義なき戦い

ソ連共産党書記、ソ連閣僚会議議長（首相）として人口二億人のソヴィエト社会主義共和国連邦に君臨しただけでなく、東欧の社会主義国、さらにはアジア、アフリカなどの社会主義政権を間接的に支配した、二十世紀最大の権力を持った男、ヨシフ・スターリン。

その生涯はあまりにも陰惨である。

スターリンの「貧困から国家の最高権力者へ」という出世物語は、事実である。彼は本当に貧困から身を起こした。

そして非合法時代の革命家として多くの犯罪に手を染め、それによって組織内で注目され、のしあがった。

幹部になってからは、同僚たちを謀略と陰謀で失脚させた。失脚させた者の復権を阻止するため、ことごとくその生命も奪った。

ヒトラーはユダヤ人を虐殺したが、スターリンは同志を虐殺した。どちらが悪いのかを比較するのは意味がないが、こういう男が、核兵器も持ち、地球の運命までも握っていたのだ。たった六十年前まで。

スターリンの出世物語は、裏を返せば、同志殺しの物語だ。

この章では、スターリンとその党が革命に成功するまでの、いわばスターリンの雌伏時代を描く。

スターリンの基本戦略（以後■で示す）

■組織のために自分の手を汚す
■人の弱みを握り利用する
■情報を集める
■誰も信用しない

成績優秀な神学生

ヨシフ・スターリンの幼少期は謎が多い。

ソ連時代、絶対的権力者となったスターリンは自分の過去を知る者を粛清し、自分に都合のいいように「履歴」を書き換えた。そのため、生年月日すら諸説あるが、一応、一八七八年(明治十一年)十二月十八日に生まれたことになっている。

「スターリン」という名は「鋼鉄の人」という意味で、革命運動家になってからの活動ネームだ。レーニンがくれた名だという。革命運動に身を投じてから、彼は警察から逃れるためいくつもの変名を用いていたが、本名はヨシフ・ベサリオニス・ジュガシヴィリという。煩わしいので、本書では最初から「スターリン」として記す。

スターリンの生地はロシア帝国領だったコーカサス地方南のグルジアのゴリ市である。祖父は農奴、つまり奴隷の農民で、その息子(つまり、スターリンの父)はその境遇から脱して靴職人になった。しかし、この父は呑《の》んだくれで、妻や子にも暴力をふるうというDV男だった。母は農奴出身なので、さらに貧しかった。

このように貧しい家で、スターリンは三番目の子として生まれたが、上の二人は夭逝《ようせい》し、実質的には長男として育った。

グルジアは独立した国だった時代もあるが、当時はロシア帝国の支配下にあり、民族解放を求める独立運動の気運が高まっていた。

スターリンはゴリの教会学校に一八八八年から九三年まで通った。母はグルジア語しか話せなかったので、家ではグルジア語で話していたが、学校はロシア語で授業が行なわれていた。スターリンはロシア語とグルジア語のバイリンガルとなったが、なぜグルジア人なのにロシア語で話さなければならないのかという、素朴な疑問を持った。これが民族主義に目覚めたきっかけだ。一八九〇年、彼が十一歳の時に父がチフスで亡くなった。

一八九四年、スターリンは十五歳で、コーカサス地方の中心の都市であるチフリスの神学校へ入った。それは母の望みでもあった。貧しい母に学資が出せるはずがなく、いまでいう奨学金のようなものをもらっての進学だった。それだけ、成績はよかったのだ。スターリンは十五歳から二十歳までの五年間を、神学校で過ごす。

神学校ではロシア正教の司祭になるべく勉強するわけだが、スターリンの信仰心は篤く、聖書の勉強もして成績もよかったらしい。宗教を否定する共産主義者の党のトップが、若い頃は優秀な神学生だったというのは、不思議である。しかし、その過去までは消さなかったのか、スターリンは神学生だったことは隠さない。しかし、そこからどうやって革命家になったかについては、謎も多い。とりあえず、以下の物語が伝えられている。

スターリンはグルジア民族主義に傾斜していった。さらに、図書館でマルクスの『資本論』

を読み、社会主義に目覚めた。やがて民族主義、社会主義の活動家たちと交流を持つようになり、神学生十数名を集めてマルクス主義の学習グループを結成すると、そのリーダーとなった。

一八九八年九月に、スターリンはチフリス市内にある地下の社会主義組織に入ったとされている。社会主義運動家スターリンの誕生である。この時、十九歳。その組織はメサメ・ダシ（第三グループ）という名称で、一八九二年に設立されたものだった。独自の新聞を持ち、自分たちの主張を訴えていた。

スターリンはメサメ・ダシに入ると、神学生でありながらも、革命運動の実践に加わった。工場の労働者に社会主義を講義していく活動を始める。

こうした活動をしていることが神学校に発覚し、一八九九年五月、スターリンは退学になってしまう。

スターリン自身は、「マルクス主義の宣伝をしたため追い出された」と語るが、試験を受けなかったためとの説もある。「偉大な革命家」の「過去」としては、「学生時代にマルクス主義の宣伝をして退学になった」というほうがふさわしい。

学校が、スターリンが危険思想を抱いていると疑っていたのは事実のようだが、それが理由での退学なのかどうかは、分からない。

退学になったスターリンは、友人の紹介で気象台の技師の仕事を得た。

ロシア社会民主労働党結党

スターリンが参加し、やがてロシア革命を成功させ、ソヴィエト共産党へと発展する党は、一八九八年三月に結成されたロシア社会民主労働党という。結成時がいつかについては諸説あり、一八九八年は単に何人かが集まっただけで、党と呼べるような組織ができたわけではないとの見方もある。

スターリンがメサメ・ダシに入ったのはこの年の九月なので半年後だ。このロシア社会民主労働党は、ロシアの社会主義運動組織のネットワークのことをいい、メサメ・ダシもそのひとつなので、間接的にではあるが、スターリンはロシア社会民主労働党結党直後からの一員だったともいえる。

ロシア社会民主労働党結党の中心になったのはレーニン（一八七〇〜一九二四）である。レーニンの父は物理学者で教育者で後に貴族にもなった。このように経済的にも恵まれ教養もある家に生まれたが、レーニンが十七歳の年に兄が皇帝暗殺計画に加担したとして逮捕され絞首刑になり、それが弟レーニンの運命も変えた。単純にいえば、兄の復讐のために皇帝政権打倒の革命の闘士になるのだ。

社会主義運動に加わる者は、貧困層出身で貧困は自分のせいではなく社会のせいだ、これをどうにかしたい、という切実な思いから身を投じる者と、富裕層でありながらも、世の中はこれでいいのかという疑問を抱き、いわばいい意味での「上から目線」の理由で運動に入る者とがいる。スターリンは前者、レーニンは後者だった。

レーニンはマルクス主義を学ぶと、ますます社会主義思想に傾き、工場労働者のストライキを指導し、一八九五年に逮捕・投獄された。これにより、彼の人生は革命家になるしかなくなる。

前述のように、一八九八年にロシア社会民主労働党が秘密裏に結党されたが、この時点では実体はない。

レーニンは一八九七年からシベリアに流刑されていたが、一九〇〇年一月に刑期を終えるとロシア国外へ出た。ロシアには社会主義運動の地下組織がいくつもあったが、分散していた。それらをひとつにまとめれば大きな力になる。しかし、非合法的な組織なので、大きな集会を開くわけにもいかない。そこでレーニンは新聞を発行することにした。それが「イスクラ」(日本語で「火花」という意味)で一九〇〇年十二月にロシア国外で印刷され、秘密裏にロシア各地の組織に送られた。

この「イスクラ」を読んだなかに、当時すでに運動家となっていたスターリンもいた。

後にソヴィエト共産党の機関紙「プラウダ」はソ連の全国民が読む世界最高の発行部数の新

聞となるが、この党は、党本部の建物もなければ、党の組織もない頃から、広報紙を持っていたことになる。現在ではインターネットがあるが、当時はそんなものはないので、紙に印刷した新聞や小冊子が、運動家たち相互の情報交換のツールとなり、理論や情勢を学ぶための資料にもなった。そして革命運動が大衆化していくと、自分たちの主張をアピールするための広報・宣伝のツールとなる。

組織において何よりも重要なのが「情報」だと見抜いていた点で、レーニンは先見の明があった。党の事務所よりも先に機関紙があった点において、ネット時代を一世紀も先駆けていた。

レーニンの時代は、皇帝政権に隠れての活動だったので、堂々と事務所を持つことができず、苦肉の策として「新聞」だけの党を築いたわけだが、それで革命までやってしまうのだから、この方法は正しかった。ビジネスにおいても、立派な社屋などなくても事業ができるという、ひとつの見本ともいえる。

そして、その「情報」を集中管理することが権力維持にも必須であると認識していたのが、その後継者スターリンなのである。

■組織内のあらゆる情報を収集し、管理する

革命運動家スターリンの誕生

スターリンは「イスクラ」を読んで自分の道が間違っていないと確信した。その意味で、直接会って師事したわけではないが、スターリンはレーニンの弟子といえる。

神学校を退学になった後、スターリンは気象台に勤め、その観測所で寝泊まりしながら、革命運動家として活動していた。スターリンの任務はコーカサス地方での工場労働者の組織作りやストライキやデモの扇動であった。当然、公安当局に追われていたので、名前をいくつも変えて各地を転々としながらの活動だ。

ロシア帝国の公安組織である秘密警察は「オフラーナ」といった。実は、スターリンはこのオフラーナのスパイとして、ロシア社会民主労働党に潜入したのではないかとの疑いがある。彼は何度も逮捕されるのだが、何度も脱獄しているので、秘密警察が逃してやったのだという説があるのだ。

一九〇一年のメーデーで、チフリスでは大規模な集会を開くことになった。そのため、レーニンの友人でもあるクルトナフスキーという運動家がチフリスにやってきて、スターリンたちを指導していた。ところが、秘密警察オフラーナがこの動きを察知し、リーダーとなっていたクルトナフスキーが逮捕されてしまった。

オフラーナはスターリンが暮らしていた観測所にも踏み込んだのだが、なぜかスターリンは不在だったので、逮捕されずにすんだ。そしてクルトナフスキーをはじめ、スターリンよりも年長の活動家たちが逮捕されたので、繰り上げ当選のようにして、スターリンがメーデーを指揮することになった。

これも、スターリン二重スパイ説の理由のひとつだ。彼はなぜ事前にオフラーナの動きを知っていたかのように、その日だけ観測所にいなかったのか。彼はなぜ逮捕を免れたのか。あるいは、オフラーナがクルトナフスキーを逮捕できたのはスターリンが密告したからではないのか。

スターリンには革命運動に参加した直後から、このように疑わしい点がある。もちろん、単に、運がよかっただけかもしれない。

スパイであったにしろなかったにしろ、一緒に活動していたメンバーの逮捕は、スターリンに「情報」の重要性を改めて認識させただろう。

スターリンの会議術

チフリスでの一九〇一年五月のメーデーの集会とデモは大規模なものとなり、二千人の労働者が参加し、十五人が逮捕され、十四人が負傷した。

十一月にスターリンは正式にロシア社会民主労働党のチフリス委員会の委員に選ばれた。もう気象台の仕事は辞めていた。職業革命家として生きるのである。

さて、この「職業革命家」だが、いまの日本共産党のように大組織となっていて党員からの党費や出版物の売上で党の専従者の給与が賄えればいいが、当時のロシア社会民主労働党は非合法組織である。スターリンは自分の生活費は自分で稼がなければならず、といって、工場で働くなどの正規の労働をしていたのでは、革命運動をやる時間がない。そこで、知り合いからのカンパに頼って生活をするようになる。さらには党とスターリンの支持者を作り、その人たちからもカンパを集めて活動費に充てていた。

さらに、スターリンは若い頃から女性にモテ、衣食住、そしてセックスの面での世話をしてくれる女性が常に何人もいた。これが彼の革命運動を支えてもいたのである。

出世するには女にモテるのが、ひとつの条件である。決して美男子というわけではないが、彼とつきあっていた女性たちによると、「瞳が輝いていた」のが魅力だったという。

こうした若い日々の経歴が物語るように、スターリンは大学に入って学問を究めて、思索し論を打ち立てる理論派ではなく、何よりも実践派だった。やがてスターリンがどんな汚い仕事でもやることからもそれは分かる。

スターリンは会議には必ず遅刻した。これも彼の出世術といえるかもしれない。組織のなかでいちばん目立つにはどうしたらいいかという、初歩的なテクニックだ。全員が揃っているところに遅れて来れば、それだけで注目される。その時、コソコソと「遅れてすみません」という態度で来たのではダメだ。堂々と遅刻する。そうすると、別に偉くもないのに、なんだか偉そうに見える。

そしてスターリンは会議ではいつも最後まで何も発言しなかった。全員がそれぞれの意見を言うのを聞き終えてから、発言する。まず、いままでに出た意見をいくつかに分類し、それぞれを比較してみせる。みな、聞き入るしかない。そのまとめ方が的確なので、誰も異論を挟まない。こうして、全員がスターリンの言うことに聞き入ったところで、彼自身の意見を述べると、いつの間にかそれが会議の決定事項となる。これがスターリンの会議術だった。

スターリンとしては、会議に出るまでは、自分の考えなど持っていなくていい。他人が発言した意見で最も支持を得そうなものを、自分の意見としてしまえばいいのだ。それを積み重ねることで、いつしか「スターリンはいつも正しいことを言う」とのイメージが出来上がった。

スターリンはチフリスよりも小さなバトゥーミという都市に潜入した。ここには、ロスチャイルド財閥が経営する石油工場があった。スターリンは、労働者を組織してストライキを計画し、さらに秘密印刷所を作った。

だが、一九〇二年四月、スターリンはついに逮捕されてしまう。

■衣食住、金銭面等は女性に支えてもらい、自分の活動に専念
■会議には堂々と常に遅刻し大物そうに見せる
■自分の意見は持たない。会議では最後に整理してすべて持っていく

党の最初の分裂

一方、「イスクラ」を発行し、ロシア国内の運動家ネットワークを作ったレーニンは、次に小冊子「何をなすべきか」を発行し、そこで中央集権化された規律ある党の必要を訴え、皇帝政権を転覆させるための専従職業革命家の組織を作る構想を打ち出した。これに応じた活動家たちが一九〇三年の夏にベルギーのブリュッセルに密かに集まり大会を開いた。こうして改めて、ロシア社会民主労働党が結党された。

この時、スターリンは獄中にあった。

そしてこのブリュッセルでの会議で議長を務めたのが、二十三歳の若き日のレオン・トロツキー（一八七九〜一九四〇）だった。スターリンの一歳下になり、最大のライバルとなる男である。

トロツキーはウクライナ南部の小さな村で生まれたが、家は豊かな農民で、ユダヤ系だった。

父は才覚があり、土地を次々と買って、大地主になっていた。そのため、子供に高等教育を受けさせることができ、トロツキーはオデッサのドイツ人学校に入った。その後、トロツキーはニコラーエフにある聖パウロ実科学校に通い、この学生時代にマルクス主義と出会い、革命運動に身を投じることになった。

レーニンは一八七〇年生まれなので、スターリンとは八歳、トロツキーとは九歳しか違わない。ちょっと離れた兄弟という年齢差である。つまり、みな若かった。若者たちの党だったのである。

だが、この大会で、ロシア社会民主労働党は早くも分裂する。

日本でも戦後は、まず日本共産党と日本社会党という、主張は近いのに仲の悪い二つの政党があった。日本社会党はその後、右派が出て民社党になり、社会党として残った人たちも右派と左派とが激しい党内抗争を繰り返し、いまの社民党になるまで縮小してしまった。共産党も内部抗争が激しい。そのなかから新左翼が生まれたが、その新左翼も多くのセクトが乱立して内ゲバを繰り返して衰退していった。

左翼革命政党が内部分裂するのは、その歴史の最初から避けられないものだったようだ。皮肉にも分裂を防げたのは、スターリンの独裁時代だけだった。後に述べるが、そのスターリンの独裁は粛清という手段があってこそ可能だったわけで、民主的な共産党というのはそれ自体が矛盾しているのである。

　ロシア社会民主労働党の最初の分裂は、党員資格をどうするかという問題が理由だった。党員資格とは、党の活動方針の決定に関与できる資格のことだ。レーニンは、党の組織に属して積極的に活動している者だけに党員資格があるという考えだった。つまり職業革命家のみが党員であるという少数精鋭主義である。一方、レーニンとも親しかったユーリー・マルトフ（一八七三〜一九二三）は、党組織のどれかの指導のもとに協力してくれる者にも党員資格を与えるべきだというゆるやかな考えを示した。資格をゆるやかにすることで、党を大きくしていこうという考えである。いまの日本の民主党が導入しているサポーター制のようなものだ。しかし、これだと多くの人が参加できる一方で、どんな人が入ってくるか分からない。当然、警察のスパイも入りやすくなるという弊害があった。

　大会での採決の結果、マルトフの考えが多数となった。トロツキーも、マルトフに賛成した。だが大会が終わった後の討議では、マルトフ派の代議員が引き揚げてしまうと、その瞬間、レーニンは一気に結論を逆転してしまった。この時点でレーニン派は多数派となったので、「ボリシェヴィキ」（多数派）と名乗った。ボリシェはロシア語で「大きい」とか「多数」という意味で、モスクワのボリショイ劇場は「大劇場」という意味だし、「ボリショイ・サーカス」も「大サーカス」という意味だ。その逆に、少数派は「メンシェヴィキ」という。マルトフ、そしてトロツキーはメンシェヴィキである。
ロシアの革命運動では、以後、最初の組織名である「ロシア社会民主労働党」は日常的には使われず、「ボリシェヴィキ」「メンシェヴィキ」が固有名詞的に使われ、たとえ少数派に転じても、レーニンの一派は常に「ボリシェヴィキ」と呼ばれるようになる。

ボリシェヴィキとメンシェヴィキの対立はそのまま続く。何度か和解して一緒になろうという動きがなされたが失敗に終わる。一度、別れると、修復不可能になるのが左翼の常である。

両派は組織論だけでなく革命運動論でも対立した。マルクスの分析では、高度に発展した資本主義社会で労働者が増大した状態になると、社会の矛盾が爆発して社会主義革命が起きるということになっている。その点は両派は一致する。しかし、メンシェヴィキは「ロシアはまだ遅れているので、まず専制君主制（皇帝政権）を廃す自由主義革命を起こし、資本主義による工業化を進めてから、社会主義にしよう」という気の遠くなる話を主張した。

レーニンは「そんな悠長なことは言っていられない、皇帝を倒すと同時に社会主義革命を起こすのだ」と言う。ようするに、メンシェヴィキは穏健派・改革派であり、ボリシェヴィキは急進派・革命派だ。

そしてレーニンのボリシェヴィキは、専従の革命家こそが革命の担い手となり、労働運動や農民運動を指導するという立場に立つ。その職業革命家のための組織がボリシェヴィキなのだ。

「外回りの営業」の最前線にいたスターリン

この大会――党がボリシェヴィキとメンシェヴィキとに分裂した時、スターリンは獄中にいたが、一九〇四年一月、逃亡に成功した。

スターリンはすぐに党が分裂したことを知った。そして、彼はすぐに自分はレーニンと同じ考えだとしてボリシェヴィキになったということになっているが、トロツキーは「スターリンは最初はメンシェヴィキだった」とも主張し、このあたりもはっきりしない。スターリンは、いつも確固たる思想がなく、風見鶏的なのだろう。

それでも、一九〇四年の終わりには、スターリンははっきりとボリシェヴィキになっていたとの説が有力だ。

たしかにスターリンはレーニンの考えに共感していた。彼自身、労働運動と関係していたので、労働者が自発的に革命運動をするなんていうのは幻想に過ぎないと感じていた。そんな日を待っていたら、自分の一生は終わってしまうだろう、と。

さらに、会議で理屈を述べるだけのエリート階層出身のインテリたちに不満を抱いていたスターリンにとって、専従の職業革命家が歴史を作っていくとするレーニンの考えは、単純に、自分が認められたように感じられた。

現代の企業においても、開発・設計部門というインテリが図案を作り、それをもとに労働者が工場で組み立て、できた商品を営業部門が売るという役割分担があり、建前上はどんな部署も必要で、したがって、どれが上でどれが下とかはないはずだが、どうしても開発部門が「頭がいい」との印象で尊敬され、工場や営業は泥臭いイメージで下に見られがちだ。

スターリンは、企業でいう営業部門の最前線にいた。それをレーニンは評価しているので、スターリンとしてはレーニンを信奉する。

スターリンの強みは労働運動（ストライキやデモ）の現場を知っていることだ。労働者の貧しさ、悲惨さも知っているが、醜さや汚さも知っていた。彼らをどうやって革命に参加させるか。労働者に理屈で説得しても無駄だった。おだてたり脅したり、恫喝《どうかつ》したり、懇願したり、時と場合に応じてあらゆる手段が必要なのだ。

このようにレーニンを支持していたスターリンだったが、彼が属していたコーカサス地方の組織はメンシェヴィキが強かった。そのためスターリンは少数派だった。

しかし、この「ねじれ」がスターリンの出世には有利に働く。

党が分裂したということは、それなりの大きさの組織になっていたということでもある。そうなると、非合法の地下組織ではあったが、党としての官僚機構が出来上がり、ピラミッド型の組織となっていくのは避けられない。

そのなかで、底辺からどうやってトップへ到達するか。少数派にいれば、その中では上へ行きやすい。

■現場の底辺のリアルを忘れない
■少数派に属し、その派内で早く上のポストに就く

日露戦争の敗北、一九〇五年革命

一方、ロシア全土は戦争中だった。

一九〇四年二月、ロシアは日本との日露戦争に突入したのだ。戦争は翌一九〇五年九月まで続き、戦闘においては日本が勝利する。その理由のひとつが、ロシア国内で革命が起き、皇帝政権が弱体化したことだ。

一九〇五年一月、ロシアの首都サンクトペテルブルクで労働者のデモが起き、これを軍隊が鎮圧したものの流血の惨事となった。世にいう「血の日曜日」事件である。この時、黒海艦隊では、戦艦ポチョムキンの水兵たちが叛乱《はんらん》を起こした。この事件は後にエイゼンシュタインの映画「戦艦ポチョムキン」となる。

だが、この革命ではレーニンたちボリシェヴィキは活躍できなかった。レーニンは亡命して

おり国内にいない。どうせ革命はたいしたことがないと思っていたので、情勢を見誤って、帰国のタイミングが遅れたのだ。

一方、メンシェヴィキのトロツキーはレーニンよりも先に帰国し、ペテルブルクでの革命の指導的人物となった。

ペテルブルクでの暴動は、二月にはロシア各地に広がっており、コーカサス地方のバクーにいたスターリンは、暴動の混乱に乗じて武装部隊を作った。スターリンの部隊は印刷機材を盗んだり、富裕層を脅して、「保証金を払えば略奪しないでやる」と言って、金をむしり取るなどして活躍した。強盗と恐喝に過ぎないが、革命運動が正しいという立場に立てば、英雄的な行為だった。

革命運動の高まりによって、皇帝政権はこのままでは帝政そのものが崩壊すると恐れ、国会の開設と憲法制定を発表した。帝政を維持するために革命勢力に妥協したのだ。ロシア帝国は立憲君主制へ移行することになり、革命は沈静化した。

国会と憲法ができたという点では、民主主義の勝利だったが、一気に帝政を倒したかったボリシェヴィキにとっては、この一九〇五年の革命は失敗だった。レーニンたちロシア社会民主労働党のリーダーたちは、再び革命の気運が高まるのを待つしかない。

一九〇五年十二月、フィンランドで開催されたロシア社会民主労働党の大会でスターリンはコーカサス地方の代表に選出された。この大会で、スターリンは初めてレーニンに会った。そして、「スターリン（鋼鉄の人）」と名乗ったらいいと、この名前をもらうのである。

大会はまだ続いていたが、バクーでストライキが成功しそうだったので、スターリンは現地へ向かった。そして、見事に大規模なストライキを実施した。

この時点でスターリンには配下もおり、彼がいなくても組織は動くようになっていた。

翌年四月にストックホルムで、ボリシェヴィキとメンシェヴィキとを再統合するための大会が開かれ、スターリンも参加した。

この大会で、両派はどうにか妥協してロシア社会民主労働党は再統合されたのだが、それぞれの派が解消されたわけではない。一つの党に二つの派という状況はそのままだった。

銀行強盗と売春宿

翌一九〇七年五月、今度はロンドンでロシア社会民主労働党の大会が開かれ、スターリンも参加した。この大会で、スターリンは初めてトロツキーと顔を合わせた。お互いに、この初対面の時から相手のことを「嫌な奴だ」と思ったということになっている。

ロンドン大会では、ボリシェヴィキが「革命運動を一段と高揚させねばならない」と主張して、それが決議された。しかし全体ではメンシェヴィキが強く、これまでボリシェヴィキがやってきた銀行強盗などのテロによる資金集めが、禁止された。メンシェヴィキは武装部隊が銀行や富裕層を襲撃して暴力によって資金を集めていたのでは、党が広範な人々からの支持を得られないとして反対したのだ。

道義的にはメンシェヴィキの主張が、どう考えても正しい。しかし、レーニンは武装部隊による資金集めの禁止には反対した。それならば、いったいどうやって活動資金を集めればいいのか。それに、革命家という立場で考えれば、資本家こそが労働者から搾取しているのだから、資本家や富裕層から奪うのは犯罪ではなく、正しい行為である。

レーニンは側近を通じてスターリンに、グルジアのチフリスに潜入して国立銀行から金を奪えと命じ、軍資金を与えた。

スターリンはさっそく襲撃計画を立て、見事に成功して、四十人ほどの死者を出したものの、いまの日本円で数億円の強奪に成功した。

レーニンは成功を喜んだが、メンシェヴィキは批判した。武装して資金集めすることは禁止したはずだし、これではロシア社会民主労働党は社会的信用を失い、支持者も失う。

秘密警察もこれには激怒し、犯人探しにやっきになった。

スターリンはあやうく逮捕される寸前まで追い詰められたが、なぜか警察にいる友人からの情報で別人になりすまして逮捕を逃れた。これもまた、スターリンが二重スパイだったという状況証拠になる。スターリンは何カ所か秘密のアジトを転々とした後、またもバクーに戻った。だが、党組織は壊滅し資金も枯渇していた。

そこでスターリンは、銀行強盗をした時の仲間たちを再結成した。彼らは革命家というよりも、単なる犯罪者だった。強盗などの前科者ばかりである。それゆえに裏社会に詳しい。スターリンは新たなビジネスを始め、党の活動資金を稼ぐことにした。

まず前科者たちを組織して、商店主、銀行、資産家などをまわり、政治献金を求める運動を始めた。ようするに、脅迫して金を出させたのだ。

さらに、前科者を相棒にして売春宿を経営した。客が払った金の一割を女に渡し、相棒が宿の経費を含めて五割を取り、残りの四割をスターリンが取った。そしてスターリンはその売春宿の最大の「客」でもあった。

社会主義の立場では売春は「いけないこと」だ。一般論としても、売春は、裏の仕事、陰の仕事であり、褒《ほ》められる仕事ではない。

スターリンが売春宿で儲けていることを知ったレーニンは、さすがにこれはまずいと考え、「ボリシェヴィキの名誉が傷つくから、やめろ」と伝えた。

しかしスターリンは反論した。娼婦になるしかない女がいて、それを買う男がいる以上、自分がやらなくても誰かが売春宿を経営する。自分のところの娼婦は他よりも待遇がよく、みんな喜んでいる――そう開き直った。だが、レーニンから強く言われたので、やめた。

売春宿の経営はやめたが、スターリンは娼婦たちに個人営業の街娼をやらせ、前科者を集めて街娼の護衛をする組織を作った。街娼は護衛たちに保険料を払い、その代わりに何かあった時に守ってもらえるというシステムだ。もちろん、スターリンが、その保険料の上前をはねる。

合法、非合法を問わず、スターリンは党のために金を稼いだ。

こうしてソ連共産党の前身であるロシア社会民主労働党の恥部、暗部の仕事をしたことで、レーニンをはじめとする幹部たちの弱みも握った。自分をないがしろにしたら、これまでの悪事をばらしてやる、そうなったら党の信用はガタ落ちだ、それでいいのか――と、口には出さなくても、スターリンから睨《にら》まれると、誰もが恐れるようになる。この男を敵にしてはいけない、何をするか分からない――そう思わせるだけで、党内抗争においては有利だった。そして国際政治においても。

このように、危ない仕事・汚い仕事に他人も巻き込んで共犯関係を作って相手の弱みを握る――親しくなって弱みを見つけるのではなく、弱みを作り出して、相手を屈服させるというのが、スターリンの人生の基本戦略となる。

スターリンは独裁者になってからも、側近たちを集めると、暇さえあれば、お互いに全裸になり女を集めて酒池肉林の宴をするのが趣味だったとも伝えられる。これなど、まさにお互いに恥部をさらけ出すことで裏切れない関係に持っていく、典型的な手法といえる。

■目的遂行のためには犯罪も辞さない
■暗部の仕事を請け負う
■汚れた仕事をする時は共犯者を作り相手の弱みを握る

無能に見せかける

レーニンはエリート階層出身でインテリである。だからこそ、インテリが革命の実践では役に立たないことをよく知っていた。インテリは頭で考え、口で言ったり、書いたりするだけで、革命の実践的な運動では役に立たない。銃も撃てなければ、刃物も扱えないし、爆弾も作れない。会議で話すことはできても、大衆の前で演説して扇動することもできない。しかしスターリンは、演説については才能があったかどうかよく分からないが、非合法的なことも含め、暴力・破壊活動の最前線を指導できた。

青白いインテリが多い党幹部のなかでスターリンは異質だった。それゆえにレーニンは、自分とは異質のスターリンを便利な奴だと思い、重用するようになっていく。

レーニンとしては、自分がスターリンを使いこなせば、それなりに働くだろうと思っていたのだ。まさかスターリンが自分の後継者になるとは、レーニンは思っていない。ある意味で、レーニンはスターリンを見下していた。そしてそれはレーニンだけではなかった。スターリンがレーニンによって引き立てられても、他の幹部たちは、「陰気で精彩のない凡庸な男」と見て、油断していたのだ。

自分の能力を実際よりも過大評価させて出世するのもひとつの方法だが、その反対に、過小評価させることで出世したのがスターリンである。

だいたい、実力もないのに有能なふりをしてもいつかはばれてしまう。実力よりも下に見せるほうが簡単だ。

彼がどこまで戦略的意図を持って、「陰気」「精彩のない」「凡庸」なイメージを与えていたのかは分からないが、限られた組織内での駆け引きで出世が決まる状況では、ライバルたちに油断させるのは正しい戦略であった。

本当に才能と実力があれば、それを示すことで出世できるが、同時に嫉妬も買う。人間を動かす最も大きな力が嫉妬であることを、スターリンは知っていたのだろう。それは彼自身が猜《さい》疑《ぎ》心と嫉妬心の塊だったからかもしれない。嫉妬をしない者は、相手の嫉妬に気づかず、油断するものなのだ。

天才肌の革命家だったトロツキーにはそのあたりが分からず、まさにスターリンの術中にはまってしまう。

■自分の力を過小評価させ相手を油断させる
■嫉妬の持つ「負のエネルギー」の強さを利用する

分裂による繰り上げ

レーニンは一九一一年の終わりまでに、ボリシェヴィキとメンシェヴィキとを統一させることを断念し、メンシェヴィキとは決裂することにした。

こうしてロシア社会民主労働党からメンシェヴィキは追い出され、レーニンは自分が信頼する者だけで党の中央委員会を構成することにした。そのメンバーにスターリンも選ばれた。三十三歳である。

スターリンは自分の実力というよりも、ライバルがいなくなったことで、幹部になったのである。

トロツキーらがいなくなったことによる繰り上げ当選のようにして、スターリンは中央委員会のメンバーとなり、以後、一九一七年の革命までレーニンの右腕として、中心的な役割を果たすのであった――とスターリンの全盛期にはこう宣伝されていたが、これは正しくもあれば間違いでもある。中央委員だった一九一二年から一九一七年の革命までの五年間のうち、スターリンが「シャバ」にいたのは一年に過ぎず、残りの四年間はシベリアに流刑されていたのだ。活躍したくても何もできなかった。

やがて一九一四年に第一次世界大戦が勃発した。ロシアはイギリス、フランス、イタリア、アメリカなどと連合国として同盟を結び、ドイツとオーストリア＝ハンガリー、オスマン、ブルガリアと戦うことになった。この戦争でロシアの国力は疲弊し革命のチャンスとなる。

ロシア社会民主労働党は相変わらずボリシェヴィキとメンシェヴィキとに分裂していたが、革命勢力として農民の支持を集めていた社会革命党（エスエル）が活動を活発化させていた。

革命へ

一九一七年二月、ロシアでは革命が起きた。それはボリシェヴィキやメンシェヴィキが予定していたものでもなければ、予期していたものでもなかった。

レーニンはチューリヒに亡命しており、「自分の世代は、生きているうちに革命の決定的な瞬間に立ち会えないかもしれない」と弱気なことを言っていたし、トロツキーはアメリカにいた。スターリンは獄中である。

二月の革命は職業革命家たちの指導による計画的なものではなく、自然発生的なものだった。ペトログラードでの普通のデモが、参加者への軍の発砲により、大暴動となり、兵士の叛乱にまで達し、命の危険を感じた皇帝は退位してしまった。

皇帝がいなくなったので、国会の臨時委員会と、労働者と兵士の代表による評議会（ロシア語で「ソヴィエト」という）が作られ、この二つの組織によって臨時政府が作られた。

臨時政府は政治犯の即時釈放を決め、スターリンも釈放された。

スターリンがペトログラードに着いたのは、三月十二日だった。スターリンはペトログラード・ソヴィエトでのボリシェヴィキ代表の三人のうちの一人となった。残りの二人は、カーメネフとムラーノフである。

レフ・カーメネフ（一八八三〜一九三六）は雄弁と宣伝能力で知られる革命家だ。鉄道技師の子としてモスクワで生まれ、モスクワ大学に入ったインテリである。中学時代にマルクス主義サークルに入っている。一九〇一年、十八歳でロシア社会民主労働党に入り、レーニンを支持していた。ボリシェヴィキだったが、メンシェヴィキであるトロツキーの妹と結婚していたので、二人それぞれと親しい関係にある。そしてシベリアに流刑された時にスターリンと一緒になり、親しくなった。しかし、カーメネフは後にスターリンによって粛清される。このように、対立する双方と親しいことは、いい時は何の問題もないが、両派の関係が悪化すると、双方からどちらの味方なのかと疑われ、辛い立場になる。カーメネフの悲劇は、革命直前から運命づけられていたといえる。

一九一七年四月の時点で、カーメネフは臨時政府を支持し、メンシェヴィキと再統合することを主張していた。レーニンはロシアに戻ると、メンシェヴィキとの再統合も臨時政府支持にも反対した。レーニンは、この革命では単に帝政を倒して民主制にして資本主義にするだけではダメで、一気に社会主義政権を樹立すると息巻いた。

このレーニンの考えには、大半のボリシェヴィキ指導部が反対した。スターリンも、いくらなんでも急進的すぎると考え、四月六日の会合では反対した。しかし、四月二十四日にボリシェヴィキの協議会が開催された時には、レーニンに追随する立場を取っていた。変わり身が早いのである。レーニンの言う通りにならなくても、その責任はレーニンにある。むしろレーニンの言う通りになった場合、反対していたほうが出世には響く。

スターリンは四月下旬のボリシェヴィキ全国協議会で九人の中央委員のひとりに選ばれた。

八月になって、メンシェヴィキだったトロツキーがレーニンの説得でボリシェヴィキへ入った。トロツキーは中央委員、政治局員となると、ペトログラード・ソヴィエト軍事革命委員会を作った。この軍事革命委員会が十一月の革命で重要な役割を果たす。

メンシェヴィキは臨時政府に参加していた。ボリシェヴィキにとって、敵である。戦争はまだ続いているが、士気は低下していた。レーニン率いるボリシェヴィキは戦争よりも革命を優先させるという方針を決め、スターリンは六月十八日に数十万人の規模のデモを組織した。

他の党派はレーニンがクーデターを企んでいると批判した。臨時政府も反撃に出た。レーニンはドイツのスパイだとの噂も流れ、ボリシェヴィキは劣勢となる。スターリンはこのままだとレーニンが逮捕され、殺されるかもしれないと考え、フィンランドに脱出させた。

こうしてロシアにはスターリンが残り、ボリシェヴィキを指揮していた。

■変わり身は早ければ早いほどよい

革命成功

臨時政府では、首相である弁護士のケレンスキーと、軍の最高司令官になった将軍コルニーロフとが対立するようになっていた。

コルニーロフはボリシェヴィキを鎮圧するために軍を出動すると見せかけて、ケレンスキー内閣そのものも倒そうとしているのではないか――ケレンスキーはこう疑い、コルニーロフを解任した。

コルニーロフはこれに反発して、軍をペトログラードに向けた。本当にクーデターを企んでいたのか、成り行きでそうなったのか。コルニーロフは保守勢力を背景に持ち、軍の力で革命を終結させるように求められていたとの見方もある。

しかしコルニーロフのクーデターは失敗に終わり、彼は逮捕された。

クーデターという反革命の動きに労働者たちは怒り、反臨時政府の声は高まり、社会主義革命の気運が盛り上がった。

クーデター失敗をきっかけにメンシェヴィキも臨時政府から離れた。

レーニンは、時が来た、と決断し、ペトログラードへ戻った。

ボリシェヴィキは十月二十九日の拡大中央委員会で蜂起を可決した。この時反対票を投じたのはカーメネフとジノヴィエフの二人だけだった。

グリゴリー・ジノヴィエフ（一八八三〜一九三六）は農場主の子として生まれた。少年時代から革命運動に参加していたが、家が裕福だったので、スイスのベルンへ亡命すると、ベルン大学で化学や法学を学んだ。カーメネフ同様にインテリのエリートだった。一九〇三年からボリシェヴィキのメンバーで、「レーニンの副官」とまで呼ばれる側近のひとりだった。レーニンがスイスに亡命していた時は家族ぐるみのつきあいだった。

カーメネフ、ジノヴィエフという、レーニンの側近二人が武装蜂起に反対したことは、レーニンにとってショックであり、怒りが大きい。とくにレーニンのジノヴィエフへの怒りは激しく、「もはや同志とは認めない」として除名を求めたほどだった。

スターリンはレーニンの武装蜂起に賛成したが、その一方で反対した二人を擁護して、レーニンを宥《なだ》めた。こうして、カーメネフとジノヴィエフはスターリンにも頭が上がらなくなる。

レーニンの周囲がゴタゴタしている間に武装蜂起に向けて着々と準備していたのが、トロツキーだった。スターリンは武装蜂起に賛成したが蜂起の準備をするのは、トロツキーの軍事革命委員会に委ねられ、革命の手柄は、トロツキーが持っていってしまうのだ。

しかし後にスターリンはトロツキーを追放すると、革命でトロツキーが演じた役割の記録をすべて抹消してしまう。

十一月六日朝、ケレンスキーの臨時政府の軍がボリシェヴィキの印刷所を急襲し、印刷機を破壊した。その報せを受けてスターリンが印刷機を修理している間に、中央委員会の会合が開かれてしまった。この会議で蜂起の最終指示が出されたのだが、その決定的な場にスターリンはいなかった。不覚を取った。

翌七日午前二時、トロツキーの指揮で蜂起は始まった。そして翌八日未明に、臨時政府のある冬宮は襲撃され、ケレンスキー内閣の閣僚は逮捕された。トロツキーの指揮する革命軍は、あっさりと臨時政府を瓦解させた。鮮やかな手腕だった。

ここにボリシェヴィキによる革命が成功したのである。

革命の決定的な瞬間に、スターリンは中枢にいたはずなのに、活躍できなかった。

ボリシェヴィキのこれまでを見れば、スターリンほど貢献した者はいない。レーニンはカリスマ性のある指導者だが、論文と演説だけの人で、実際に銃を取ったり、デモやストライキを指導したわけではない。実践面ではスターリンのほうがはるかに実績はある。

トロツキーはついこの前までメンシェヴィキだった男だ。いまにたとえれば、ライバル企業のナンバーワンの営業マンが、ヘッドハンティングされて入ってきたようなものだ。そしてその有能な男は、古参社員がぐずぐずしている間に、鮮やかに成功してしまったのだ。

それまで何度となく非合法の武装蜂起をしていたのに、この最も重要な武装蜂起で重要な役割を果たせなかったことは、スターリンの大きなコンプレックスとなった。

この点だけなら、スターリンには同情してもいいだろう。

この屈辱をバネにして、スターリンはさらに身を粉にして働き、一歩、一歩、出世の階段を登っていった――となれば美談だったが、スターリンの人生はそうではない。

スターリンは、たしかに地道に働くが、謀略と陰謀と残虐さで出世していくのだ。

■失敗したライバルをフォローしてやり、恩を売る

第二章 ヒトラー

――意志の勝利

アドルフ・ヒトラーは、一八八九年（明治二十二年）四月二十日に、ハプスブルク家が君臨するオーストリア＝ハンガリー帝国で生まれ、一九四五年（昭和二十年）四月三十日に彼が君臨するドイツのベルリンで自殺した。スターリンより十一歳下になる。ヒトラーもスターリン同様に王侯貴族の家系でも政治家の子として生まれたわけでもなければ、大学で政治や法律、あるいは経済を勉強したわけでもない。しかし、スターリンよりは裕福な家に生まれたので、何不自由なく育ち、青年時代は画家志望だった。

その生涯は、五十六年間。そのうち、前半の三十年、一九一九年まで、ヒトラーは無名だった。無名であるだけでなく、兵役を除けば一度も働いたことのない、学歴も職歴もない青年だった。

ヒトラーが「政治」の世界に足を踏み入れたのは第一次世界大戦後の一九一九年で、以後、自殺する一九四五年までの二十六年間、ヒトラーはその前の三十年間とは別人のように行動する。人生の前半と後半とで、「生き方」がこんなにも異なる人は少ない。

政治家ヒトラーとしての二十六年間も、政権を獲得する一九三三年までの十四年間と、獲得後の十二年間とに分かれるが、ヒトラーの基本戦略は一貫している。常に、オール・オア・ナッシングである。彼は最高権力者の座以外には就こうとしない。

ナチスでは、頭角を現すやすぐに党の全権を求めたし、ナチスが国会での勢力を拡大すると大臣や副首相としての入閣は拒否し、首相以外にはならないと言った。ドイツを支配し終わると世界征服を夢想し、最後はドイツ全土を焦土にしようと考え、それができないとなると自殺した。

ヒトラーは、弱い相手としか闘わない。だから、常に勝利した。誰が弱いかを見抜く力を持っていたのだ。こうしてヒトラーは全権を握ったわけだが、失う時もすべてを失った。ヒトラーがすべてを失ったのは勝手だが、すべてのドイツ人が道連れとされ、世界中が多大な被害をこうむった。

ヒトラーの基本戦略（以後▼で示す）
▼あらゆることをオール・オア・ナッシングで決断
▼勝てる相手としか闘わない

改竄、捏造された過去

スターリンと同じようにヒトラーの生涯の前半は謎が多い。彼が政治の表舞台に出てからは、第三者による記録がたくさんあるので、ほぼ確定できるが、幼少期から無名の青年時代にかけては、後に作られた伝説のどこまでが事実なのか、よく分かっていない。

ヒトラーは自分の過去を自分に都合のいいように改竄《かいざん》、あるいは解釈する。

手塚治虫の『アドルフに告ぐ』に、ヒトラーがユダヤ人だったという説が出てくるが、これは実際にヒトラーが政権の座にあった当時に流布していた噂だ。

そういう噂が出たのは、ヒトラーの父アロイスが私生児として生まれ、父（つまり、アドルフの祖父）が誰なのか、分からないからだった。アロイスの母（アドルフの祖母）は四十二歳でアロイスを産むが、その父の名を明らかにしなかった。

そのため、アドルフが有名になり最高権力者になると、世間はさまざまな噂をしたのだ。ヒトラーが祖父のことを語らないのは、公表したくない理由があるからに違いない、もしかしたら、祖父はユダヤ人なのではないか――という程度の噂だった。最初は権力者を揶揄《やゆ》する、他愛もない噂だったのだろう。ヒトラーの祖父がユダヤ人だという説には、確固たる根拠があったわけでもない。ヒトラーが祖父について語らないのは、本当に知らなかったからだ。ヒトラーの死後、何人もの歴史家が調べ、こんにちでは祖父がユダヤ人だという説は否定されている。

だが、ヒトラーは、自分がユダヤ人かもしれないという疑惑を抱きながら生涯を終えた。

権力を握った後、ヒトラーは自分の過去を消すために、その権力を駆使した。ヒトラーが通った学校はゲシュタポ（秘密国家警察）の捜査を受け、ヒトラーに関する記録のすべてが没収された。文字通り、過去の抹消をしたのだ。

実際、それは消したくなるのも理解できるほど悲惨な過去だった。

当時のオーストリアには小学校を卒業すると、人文系を学ぶギムナジウムと、工業や商業の実学を学ぶ実科学校とがあり、ヒトラーは一九〇〇年九月に（ヨーロッパでは九月から新年度）、実科学校へ入学した。ヒトラーが入学した実科学校はオーストリア第三の都市リンツにあり、郊外で育ったヒトラーにとっては初めての都会暮らしだ。

こんにちでは、ゲシュタポの没収を免れた資料から、ヒトラーの実科学校時代の成績が明らかになっている。これがひどい。第一学年は数学と博物学が不可で落第して、もう一年、第一学年として学び、ようやく第二学年に進級。しかし、第二学年でも数学が不合格で、再試験を受けてようやく第三学年へ。その間の一九〇三年一月に父が死んでいる。第三学年では今度はフランス語が不可となり、再試験で合格するが、リンツから郊外にある別の実科学校へ転校させられてしまう。そして、その学校でも成績は悪く、結局、ヒトラーは十六歳で実科学校を中退した。

スターリンも通っていた神学校を退学になったので、このあたり、二人は似ている。スターリンの退学理由はよく分からないが、彼が存命中は「偉大なるスターリンは神学生だった時に社会主義運動をしたので退学になった」という「伝説」が流布していた。ヒトラーも同様に「伝説」を作る。

「偉大なる総統」であるヒトラーが成績が悪くて転校させられ、さらに転校先も中退したとあっては恥である。ヒトラーの『我が闘争』によると、画家になろうとしたのに父が禁止したので、自分は何も勉強しないと宣言し、それを実行に移したという。もし実科学校での成績が悪くなれば、画家になる道を選ぶことを父が許してくれるだろうと思ったからだ、と。

つまり、「わざと勉強せず、わざと悪い成績を取った」と言いたいのだ。後からなら、いくらでも言い訳できる。自信に満ちた人物が堂々と書くと、信じやすい人は、「そうなのか」と思ってしまう。

もし本当に画家になるのを父に認めてもらうためにわざと勉強しなかったとしても、実科学校の第二学年だった時に父が亡くなっているのだから、以後は成績がよくてもいいはずだ。しかし、ますます悪くなるのだから、やはり単に怠けていたに違いない。

しかし、怠惰であることも、彼は正当化する。「私は自分の好きなもの、なかでも画家として後に必要だと考えたすべてのものを学んだ。画家になるのには無意味だと思われたものや、その他の心を惹かれないものは、徹底的に怠けた」と堂々と書くのだ。

そこまで言うのだから、さぞかし立派な画家になったであろうと思うが、現実はそうではない。ヒトラーは画家にもなりそこなう。

実科学校中退後、ヒトラーは母のいる実家へ戻り、ぶらぶらしていた。父は一九〇三年に亡くなっていたが、遺産があったのと、母が遺族年金を貰っていたので、生活の心配はなかったのだ。ヒトラーの伝説として極貧から立身出世したというのがあるが、それは、嘘である。

「英雄伝説」には、生まれながらにして高貴な家柄で神童として注目され、誰もがその将来を疑わなかったというパターンと、極貧の生まれで苦学して才能と運でのしあがったというパターンとがある。ヒトラーについては後者が伝えられたことがあるが、現実には極めて平凡な官吏の子として生まれ、大富豪でもなければ食べるのにも困るほど貧乏だったわけでもない家の、神童でも悪童でもない普通の少年時代だった。

それだと物語としてつまらないので、あえて、極貧の身から総統へというサクセスストーリーを捏造《ねつぞう》した。名もなく貧しい身の上から、自分の力だけでこんにちの地位に到達したとアピールするためである。

上流階級出身であるという嘘はすぐにばれてしまうが、貧乏だったという物語はばれる確率が低い。

▼経歴を実際よりもみじめに脚色し、底辺から出世した〈伝説〉を作る

画家志望の青年時代

さて、いまでいうニートだったヒトラーは、一九〇七年、十八歳になると、オーストリアの首都ウィーンの造形美術学校の入学試験を受けた。画家になる夢は捨てていなかったのだ。当時のオーストリアでは十八歳になると父の遺産を自由に使う資格が得られたので、学資の心配もない。

だが、ヒトラーは入試に失敗した。この入試は百十三人が受験し、合格したのは二十八人と

いう難関だった。ヒトラーは一次の「構図試験」は通過した。しかし、描いた作品を何点も持参して審査を受ける二次の「作品試験」で不合格となってしまった。なんでも、建物などの風景画が多く、人物の肖像画がほとんどなかったのがいけなかったという。つまり、作品そのものが劣っていたのではなく、試験の傾向をよく知らなかったためのミスだったようだ。

これは、ヒトラーが言い訳しているのではなく、後世の歴史家が調べた結果だ。ヒトラーが悪人であることは間違いない。ヒトラーはその生涯のすべてが否定的評価となるので、画家としての才能もなかったと決め付けられる。しかし、好き嫌いはあったとしても、画家としての才能はそれなりにあったというのが、美術の専門家から見ての公正な評価のようだ。実際、ヒトラーの絵はそれなりに売れていたのだ。

不合格に納得のいかないヒトラーは、学長に面会を求めた。すると、「きみの絵から見て、画家には向かないが、建築の分野にははっきりとした才能がある」と言われた。

ヒトラーは学長の言葉で、自分が何をすべきかようやく分かった。建築家になるのだと決意した。しかし、だからといって、そのための勉強をするわけでもない。

ヒトラーは美術学校を不合格になったことを、リンツにいる母に報せなかった。病床にあったので心配させたくないというのがその理由で、それはそれで本音だったのだろう。結局、母はこの年の暮れに亡くなる。ヒトラーは十八歳にして両親を失い、肉親は妹だけになった。実はヒトラーの家は複雑で、父は三回結婚し、ヒトラーは父の三度目の結婚で生まれた子なので、異母兄弟が何人かいる。

母を失ったヒトラーはリンツ郊外の実家を整理し、ウィーンで暮らすことにした。親の遺産があったので、生活には困らず、絵を描いたり、オペラを見たり、本を読んだり、建築の図面を書いてみたりと、優雅な生活を送っていた。

そして翌年も造形美術学校を受験したが、今度は一次で落ちてしまった。

今度も不合格となったのは、建築家になるべき運命にあることを自分に知らせるためだった——と、またも自分に都合のいいように解釈する。

楽天的といえば楽天的だ。前向きともいえるし、プラス思考でもある。ポジティブである。悪くいえば、敗北を勝利に、失敗を成功へとすりかえている。

ヒトラーのこの才能は政権を取ってからも発揮される。どんな失敗も、次の成功のために必要だったことになる。

▼常に自分に都合よく解釈する

▼敗北・失敗を、大きな勝利・成功のために必要だったと、自分で信じる

ウィーンでの「苦悩と修業」という物語

ともあれ、画家から建築家へと進路変更した青年ヒトラーは、建築家になるために、美術大学の建築科で学ぼうと考えた。ところが、彼は実科学校を卒業していなかったので、大学入試資格がなかった。そんなことも知らなかったあたりは、世間知らずである。それが「若さ」だといえば、それまでだ。

そこで独学で学び建築コンペに応募して実力を見せつけて建築家デビューするという人生設計を描く。しかし、世の中、そんな甘いものではない。

ヒトラーは美術学校も建築のための大学も諦め、ウィーンで「画家」として暮らすことになった。いまのイラストレーターのように、こういう絵を描いてくれと依頼されて描いていたのだ。それなりに収入はあったらしい。絵を描くかたわら図書館に通い、さまざまなジャンルの本も読んでいた。彼の基礎的教養はこの時期に蓄えられた。また政治への関心もこの時期に芽生えている。

ヒトラーは後にこのウィーン時代を「餓えを友にしていた」と回想するが、これは大げさだ。遺産もあったし、絵が売れていたので、ヒトラーは貧乏ではなかったのだ。また、ヒトラーが下宿を転々とし、ついに下宿代が払えなくなって「浮浪者収容所」に入れられたという話もあるが、これも大げさだ。それはヒトラーが一時的に暮らした「公営独身者合宿所」のことで、ここは清潔で贅沢《ぜいたく》な施設だった。

ただ、たしかにヒトラーが浮浪者収容所にいたこともある。それは、兵役忌避のためだった。ようするに、身を隠すために、浮浪者になりすまして収容所に入ったのだ。

成功した人物のなかには自分の過去を美化する人もいれば、実際より悪く言って、いかに苦労したかを強調する人もいる。ヒトラーのウィーン時代は、そんなに悲惨ではなかったというのが、いまでは定説となっている。

「伝説」を作るためには過去を改竄するわけだが、その場合、まったくのでっち上げではなく、部分的には真実であるほうが信じられやすい。美術学校に入れなかったこと、浮浪者施設にいたことなどは、本来は隠したい経歴だが、それを隠さず、あえて自分を惨めな境遇としてしまう。そして成功してからの輝きとコントラストをつける。

自己宣伝にはこういう方法もあるのだ。

全ドイツ人が、そして全世界の人々が、ヒトラーは極貧から身を起こしたという立身出世物語を信じた。

ヒトラーはウィーンでの「画家」時代を「苦悩と修業の時代」と後に語り、いかに自分が苦労したかを強調する。それは巧妙な、ウィーン、すなわちオーストリア蔑視の表明でもあった。ウィーンは自分の才能を見抜けない愚かな街だと言っているのだ。

ヒトラーは本当にウィーンが嫌いになったようだ。ウィーンにいたのでは何の展望もないと、このオーストリアの首都には見切りをつけ、ヒトラーはドイツのバイエルン王国のミュンヘンへ向かった。一九一三年五月、二十四歳の春だ。

オーストリアを出た理由のひとつは、ウィーンで暮らしているうちに、この国が嫌いになったことだった。ヒトラーはいつしかドイツ民族至上主義者になっていた。ドイツ民族こそが世界で最も素晴らしい民族だと思い込んだ。オーストリアはドイツ民族が支配階級ではあったが、多民族国家であり、なかでもウィーンは国際都市だったので市民の半分以上は非ドイツ民族だった。ヒトラーはこれが気に入らない。そのため、成人して兵役の義務があったのに、オーストリアのためには戦いたくないと考え、浮浪者のふりをして、浮浪者収容所で暮らしていたのだ。

ヒトラーの兵役忌避は、戦争が嫌だとか、軍隊が嫌いだというのではなく、自分の所属する国家オーストリアの軍に入りたくないというものだった。これもまた、当人が言っているだけなので、本当は臆病で戦場が嫌だったのかもしれない。

ミュンヘンへ出たヒトラーには、ひとつの野望というか妄想があった。この地で建築のコンペで実力を示し、設計士になって有名な設計会社に入ると決めていたのだ。だが、そんなのは夢に過ぎなかった。

設計士にはなれないが、画家としての仕事はそれなりに順調で、ミュンヘンでも彼の絵は売れており、生活には困らなかった。

しかし、そんな生活に満足できず、一九一四年八月一日に第一次世界大戦にドイツが参戦すると、ヒトラーはバイエルン陸軍へ志願して入隊した。

栄誉は得たが出世できず

ドイツ参戦は八月一日、ヒトラーは八月四日に入隊したと、『我が闘争』には書かれている。オーストリアでは兵役忌避をしていたのに、ドイツ民族のためなら一命をなげうつ覚悟で、すぐに志願したというのだ。

だが、実際は八月十六日に入隊したというのが正しい記録のようだ。二週間の差がある。いかにも、開戦と同時に入隊したと思わせるように、経歴を大げさに書いているのだ。芸が細かい。こういう細部でのどうでもいい改竄も、積み重なると、大きなイメージ作りに貢献する。

以後、ヒトラーは終戦まで兵役に就いた。これがヒトラーの唯一の職歴といっていい。そして、この軍隊という職場で、ヒトラーはそれなりに活躍し評価されるのだ。

ヒトラーはバイエルン第十六予備歩兵連隊の伝令兵となった。各部隊間の連絡係である。

一九一四年十月に戦線に伝令兵として配置されると、ヒトラーは十一月には早くも上等兵に出世した。勇敢な行動が評価されたのだ。そして十二月には二級鉄十字勲章を受章した。

この鉄十字勲章は、ナポレオンとプロイセン（ドイツ）が戦った時に、敵兵・敵軍に対し勇敢に戦った兵士に授けられたのが始まりだった。ヒトラーの所属する連隊には三千数百名の兵士がいたが、彼はそのなかで誰よりも早く、この二級鉄十字勲章を受けた。

そして一九一八年八月には、上等兵としては極めて珍しいことだが、一級鉄十字勲章も受章した。このことはヒトラーが目覚ましい活躍をしたことを示すと同時に、上等兵になってから三年以上が過ぎても、それよりも上には出世していないことも物語る。

ヒトラーは鉄十字勲章という名誉は受けたのに、下士官にはなれなかった。除隊時に伍長に昇進したのがやっとだった。

叙勲したのに階級が上がらなかったのはなぜか。

叙勲は単独での勇敢な行動に対しての評価だった。伝令役として危険な目にあいながらも任務を遂行したので、これは評価された。しかし、集団行動である軍の一員としては問題のある行動が多かったようで、そのため、組織内での出世はできなかったのだ。とくに、指導力が欠けているので部下を持つ立場はふさわしくないと、上官が判断したらしい。そんな人間がやがて政党のトップに立ち、さらには国のトップに立って、全軍を率いるのだから、恐ろしい。

しかし、世の中には中間管理職には向かないが最高責任者には向くタイプがいることも事実だ。トップしか務まらないタイプの人間だ。つまり、協調性がない。ヒトラーはまさにそんなタイプだったのだ。ナチスでも、中間の幹部時代はなく、「演説する人」として活躍し、一気にトップに立った。

しかし、「上等兵なのに一級鉄十字勲章を受章した」という――それ自体は間違いではないが――ことを、ヒトラーは強調するのである。

叙勲はしても出世はしないという軍隊生活ではあったが、ヒトラーが何度も命の危険に晒《さら》され、それを顧みずに戦ったのは間違いない。何度も負傷し、失明の危機もあった。

ヒトラーの最も大きな負傷は一九一六年十月、塹壕《ざんごう》の中での被弾だった。左足の太股を負傷し、ベルリンのそばにある赤十字病院に入院した。この時の怪我で生殖能力を失ったとの説もあるが、真偽は分からない。七週間ほどで治療は終わり、いったんミュンヘンに戻った。

▼大きなイメージ作りは細部の改竄から

革命と敗戦を傍観

しかしミュンヘンは、最初にヒトラーがこの都市にやって来た時のような活気はなく、食糧も物資も不足し、人々も厭世《えんせい》的になっていた。こんな都市にいるのは気分が悪くなるとして、ヒトラーは軍に戻り、西部戦線へ行きたいと頼み、その希望が叶えられた。

一九一七年三月、ロシアで革命が起きていた頃、ヒトラーは前線に戻り、戦った。しかし、彼が参加した「第三次イーブルの戦い」では多数の戦死者が出た。ヒトラーは生き残ったが、もはやその連隊は戦闘能力を失い、アルザスへ送られて休むことになった。

ロシアは三月に帝政が倒れ、さらに十一月になると、ボリシェヴィキが政権を奪取して社会主義政権へと向かっていた。

この革命はドイツへも波及し、一九一八年一月にベルリンでは大規模なストライキが行なわれた。これによりドイツの帝政も大きく揺らいだ。

三月になると、ロシアの革命政権がドイツの提示した条件を受け容れ、まず東部戦線での戦いが終結した。ロシアは国内が革命政権とそれに反対する勢力との内戦状態にあったので、ドイツと戦争をしている場合ではなかったのだ。

ロシアとの東部戦線での戦いが終わると、ドイツは全軍をフランスとの西部戦線に集中させる作戦を取り、三月にフランスへの攻撃を開始した。ヒトラーの連隊もこれに参加した。そして八月には、前述のように一級鉄十字勲章を得るほど勇敢に戦った。

ヒトラーは勇敢だったが、八月になるとドイツ軍全体は疲弊していた。フランスだけでなくイギリス軍とも戦わなければならず、八月八日にはイギリス軍がドイツの戦線を突破して、敗北が決定的になる。軍司令部は和平に向けて密かに交渉を始めた。しかし、ドイツ軍が劣勢にあることは前線の兵士にも、国民にも伏せられていた。

たしかに、ドイツ軍は国外での戦線を維持しており、英仏軍をドイツ国内に入れたわけではなかった。だからドイツの国民はみな自分たちが勝っていると思っていた。

しかし、十月になると、帝国議会でドイツが敗北寸前であることが公表された。兵士と国民にとっては、昨日まで勝利していると思っていたので、これは寝耳に水だった。ヒトラーも信じようとしない。

そんな時、十月半ばにヒトラーはイギリス軍による毒ガス攻撃を受け、一時的に目が見えなくなり、入院した。失明を覚悟したともいう。

その入院中の十一月三日、キールでの海軍水兵の叛乱をきっかけに、ドイツで革命が勃発した。ドイツ各地でデモやストライキ、そして武装蜂起が起き、十一月七日、ミュンヘンを首都とするバイエルン王国では国王ルートヴィヒ三世が退位に追い込まれ、王政が廃された。この勢いはプロイセン王国の、そしてドイツ帝国の首都であるベルリンへも波及し、十一月九日に大規模なデモが起きると、皇帝ヴィルヘルム二世はオランダへ亡命してしまい、ここにドイツ帝政は終焉《しゅうえん》を迎えた。

翌一九一九年一月、国民議会選挙が行なわれ、最左派の共産党はボイコットしたが、八割を超える投票率となり、社会民主党・中央党・ドイツ民主党による連立政権が樹立された。つづいて二月にワイマールで開催された議会で、社会民主党のエーベルトが大統領となった。八月に憲法も制定され、「ドイツ国」が誕生する。国名が「ドイツ共和国」とならなかったのは、右派が国名に「共和国」と入れるのを反対したためだ。こうして正式には「ドイツ国」となり、この国名はヒトラー時代も変わらない。「第三帝国」とか「ナチス・ドイツ」というのは通称である。

正式国名は「ドイツ国」だが、この時代のドイツは憲法が制定された都市にちなみ「ワイマール共和国」と呼ばれることが多い。このワイマール憲法下のドイツでは連邦制が導入され、たとえばバイエルン王国の領土はそのままバイエルン州となった。

そのバイエルン州では、左翼政党である独立社会民主党のクルト・アイスナーが首相となっていた。

一方、戦争のほうは、一九一八年十一月の革命直後に、連合国との間で休戦協定が結ばれていた。そして翌一九年一月からパリで講和会議が開かれ、ヴェルサイユ条約が結ばれ、ドイツの敗戦が確定した。ドイツは、領土としては植民地やアルザス・ロレーヌ地方などを割譲し、さらに賠償金も払うことになった。軍備も制限され、飛行機の開発や製造も禁止される。ドイツ人にとっては屈辱的な結果になった。

日本の第二次世界大戦での敗戦時のように、東京をはじめ大都市が空襲で焼け野原となり、原爆も落とされ、沖縄では悲惨な地上戦もあってと、誰の目にも敗北が明らかであれば、まだ諦めもつくのだが、この時のドイツは、国内はそれほど戦争の被害を受けていない。前線の兵士たちが死傷しただけだった。そのため、余計に、なぜこんな屈辱的な条約を結ばなければならないのか、理解できない人が多かった。

敗戦の理由は、しかし単純だった。ドイツ軍は戦力、兵力的に弱かったのである。前線において兵力が弱体化しており、武器が不足していたために抗戦できず、降伏した。

だが、それを認めたくない軍の一部や民族主義者、そして国粋主義者は、ドイツの敗戦を「敗北主義者や叛乱者による後方での策動で前線での勝利が阻害された」と主張した。これを「背後からの一突き論」あるいは「匕首《あいくち》論」といい、ドイツ人の多くがこの考えを信じた。その背後にいた「敗北主義者」「叛乱者」というのは、マルクス主義者、ユダヤ人を意味していた。

こうした動きのなか、ヒトラーは一九一八年秋はまだ入院中だった。退院してからもミュンヘンの兵舎にいて、社会が大きく動いていくのをただ黙って見ているしかなかった。

ヒトラーもまた、ドイツが負けたことが理解できなかった。自分はあんなにも勇敢に戦ったのに、なぜ敗北したのだ——ヒトラーがそう思うのも無理はない。

ヒトラーは誰よりも強く、「背後からの一突き論」を信じた。

左翼ヒトラー

一九一八年秋の時点で、かつて画家だった青年は二十九歳になっていた。

ヒトラーは画家として絵を売っていた以外、何の職業にも就かず、軍隊以外の社会経験はなかった。多くの兵士たちは、兵舎を出て元の職業に戻ったり、新たな職を見つけていたが、ヒトラーは戦後もいつまでも軍の兵舎で暮らした。就職しようとしなかったのだ。彼にとって軍は居心地がよかったのだ。

バイエルンはもともと右翼が強い州だった。しかし、政権は左翼の独立社会民主党が握っていたので、軍もその支配下に置かれた。それでもヒトラーは軍に留まった。

ヒトラーは兵舎の見回りをしたり、ある時は捕虜収容所の監視にも行った。しかし、やがて兵舎そのものの必要がなくなっていく。それでもヒトラーは兵舎での仕事にしがみついた。そこにいれば衣食住は安心だし、少ないながら給与も出たからだ。

ドイツでは労働者と兵士による評議会のことを「レーテ」と呼ぶ。ロシアでは同じ形態の評議組織を「ソヴィエト」と呼び、これが後に国名になる。ドイツでも、ワイマールで開かれた国民議会は、全国労兵評議会というレーテが基盤となったものだ。

この時期にヒトラーが社会主義者になったという説もある。バイエルン州の政権が社会主義政党なので、その下に置かれた軍の兵舎で働いていたから、それに逆らわずにいたという程度なのか、熱心な社会主義者だったのか――そのあたりは分からないが、ヒトラーの人生で最も左に寄っていた時期であったのは確かだ。ヒトラーは兵舎を統治していた労働者兵士評議会のもとで働いていた。

一九一九年二月にバイエルン州首相アイスナーが右翼によって暗殺されると、社会民主党のホフマンが首相になった。ホフマンは左翼ではあるが穏健派だった。そのため、急進的な左翼からは攻撃され、右翼からも攻撃された。ミュンヘン政界は、三つ巴《どもえ》の争いとなる。

社会民主党のホフマン政権は首都ミュンヘンを逃れてバンベルクに政府を移した。抜け殻となったミュンヘンでは、共産党と、軍人・兵士たちの反社会主義・反ユダヤ主義の右派との対立が続いた。しかし、共産党がロシアからの支援も受けて革命政権を樹立した。こうしてバイエルンにはホフマン政権と共産党政権という二つの政権が存在する事態となった。そしてその両方と敵対する右翼も一定の勢力があった。

そんな状況にあって、ヒトラーは何も行動せず兵舎でおとなしくしていたが、同年四月になると、共産党政権下での連隊のミュンヘン労兵評議会委員に兵舎での選挙で選ばれた。

ヒトラーの「政治」への第一歩は、共産党政権の一員であった。

決定的瞬間での転向

バイエルンでは、社会民主党のホフマン政権のほうが国民の支持が強くなり、中央政府の政府軍もこれを支持し、ミュンヘンの共産党政権は危機に瀕した。

この時点でヒトラーは共産党政権側の評議会委員である。ところが、政府軍がミュンヘンに攻め入ってくると、ミュンヘンを防衛する立場の兵士たちに向かって、「我々はよそからやって来たユダヤ人に手を貸すための革命部隊ではない。中立を守ろう」と演説した。

ヒトラーは決定的瞬間に転向したのである。

ヒトラーの演説のおかげだけではないが、政府軍は勝利し、ミュンヘンの革命政権は崩壊した。反革命軍によって兵舎は解放され、ヒトラーは除隊することになった。しかし、戦闘において中立を呼びかけて共産党の革命政権を倒すのに貢献したということで、軍に残ってもいいことになった。

それまでは兵舎の見回り程度の仕事しかなかったのに、ちゃんとした任務も与えられた。除隊される将校や兵士たちが革命政権とどれくらいつながりがあったかを調べる仕事である。革命政権下での評議会委員のままだったら、ヒトラーは捕まっていたかもしれず、決定的瞬間に革命政権を裏切ったことで、反革命政権において、旧政権の残党狩りの担当者になったのである。

「ひとの生き方」として正しいかどうかはともかく、処世術、出世術、世渡りのうまさという点では、見事であった。

ヒトラーは革命政権の評議会委員になったのも、共産党の思想に共感したからではなく、単に「政権党」の一員になりたかっただけだ。それを裏切ったのも、思想信条からでも自らの信念からでもなく、革命政権側が負けそうだと判断したからである。それも、政府軍についたのではなく、「中立」を呼びかけただけで、革命政権側が勝っても、言い逃れできる立場にあった。このあたりの身のこなしは、見事だ。

兵士たちの革命政権とのつながりを調べる仕事は、長くは続かず、数週間で仕事そのものがなくなった。だが、その手腕が認められたヒトラーは、引き続き軍に残ることになった。次の仕事は、大戦で捕虜になっていたドイツ兵たちが釈放されて帰国してくるので、その兵士たちに、反共・愛国教育をする仕事だった。

教育をするからには、そのための研修を受けなければならない。ヒトラーは、バイエルン国防省司令部の下にある政治思想啓発指導者講習会に参加し、反共・愛国的な思想を叩き込まれた。二カ月にわたるこの講習会でヒトラーの思想は確立されたのである。

▼思想信条、信念は持たない
▼どちらが有利かを瞬時に判断
▼言い逃れが可能な道をひとつ残す

スパイとして潜入

一九一九年八月、三十歳のヒトラーには、帰還兵への反共・右翼教育の次の仕事が待っていた。

ミュンヘンでは革命政権を倒したため、右翼勢力がかなり勢いづいていた。いくつもの反共・反ユダヤ・愛国を主張する政党・組織・団体ができていたのだ。彼らはしばしば暴動を起こすので、社会不安が高まっていた。ミュンヘンの連隊は、これらの右翼団体の動向を調査する必要に迫られ、ヒトラーにそれを命じた。

九月十二日、ヒトラーは右翼政党のひとつ、ドイツ労働者党の集会に潜入することになり、支持者のふりをして参加した。いわば密偵、スパイである。

このドイツ労働者党は、この年の一月にワイマールで開催された国民議会選挙の二日前に結成された右翼政党だった。これこそが、「ナチス」の前身である。この党はドイツの極右秘密結社トゥーレ協会の公然組織としてミュンヘンで結成された。結党メンバーの中心的人物はジャーナリストのカール・ハラー（一八九〇～一九二六）と、元鉄道工場機械工で錠前師のアントン・ドレクスラー（一八八四～一九四二）だった。最初の党首（議長）にはハラーが就いた。

党の大会といっても、市の中心部にある酒場で開かれたものだった。ヒトラーは後に「七人しか参加していなかった」と、まるで単なる「飲み会」のように語るが、どうも、そこまで小さなグループではなく、この日の大会にも四十人以上が参加していたらしい。

どうしてヒトラーは、偉大なるナチスの前身であるドイツ労働者党を実際よりも貧弱だったと言ったのか。それは、ほとんど実体のない政党だったが、自分が入ったから偉大な政党へと成長したのだと強調するためだった。

ドイツ労働者党の最初期のことなど、ほとんどの人は知らないので、ヒトラーの言葉を信じ、七人が酒場で政治談義をしていただけの状況だったのを、ヒトラーが大きくさせたという神話が生まれたのだ。反ナチスの立場の者も、ナチスなど最初はたいしたことがなかったという話を信じた。

小さなものを「大きい」と誇大広告しても、いずればれるが、ある程度の大きさだったものを小さかったと言うのは、案外とばれないものである。

集会に出たヒトラーは、講演を聞いたものの、とくに感銘は受けなかった。しかし、そのまま帰ろうとしたところを、討論会をやるからと呼び止められた。

討論会で、ある参加者が「バイエルンをドイツから分離独立させてオーストリアに統合させよう」と言った。するとヒトラーは猛烈な勢いでそれに反論した。ヒトラーはオーストリア嫌いだったので、とんでもないと思ったのだ。このヒトラーの大反論にドレクスラーが感心し、ヒトラーに「これからも集会に参加してくれ」と言った。

ドレクスラーは、さらに入党するように強く頼んだ。ヒトラーに演説の才能があると感じ取ったのだ。ヒトラーも自分の才能に気づき、驚いていた。人前で政治課題について話したのは初めてだったのに、その演説は自分でも驚くほど、うまかった。

様子をさぐるために密偵として大会に参加したのが九月十二日、入党したのは十六日と記録されている。

そして一カ月後の十月十三日のビアホールでの集会で、ヒトラーは早くも演壇に立って演説をしている。百人の聴衆がいて、とても好評だった。演説に感銘した参加者たちは次々と寄付し、三百マルクも集まった。

この実績で自信を得たヒトラーは、党に対し、自分を専従の「演説者」として報酬をくれと申し出た。党は、これを呑んだ。

ヒトラーの演説はミュンヘンの反ユダヤ、反共主義者たちの間では評判になり、興行として成功していった。そして翌一九二〇年二月下旬、ドイツ労働者党は、国家社会主義ドイツ労働者党（Nationalsozialistische Deutsche Arbeiterpartei）と改称した。略称はＮＳＤＡＰとなり、ナチスという。

ナチスの基本方針は「ドイツ民族による大ドイツ国家の建設」「ヴェルサイユ条約の破棄」「反ユダヤ主義」だった。この党名の改称に至るまでの準備はヒトラーが中心となって行なった。ハラーやドレクスラーには本業があり、一日二十四時間のすべてを党活動にあてられなかったが、ヒトラーには本業はない。結婚もしていないので家族もない。ヒトラーは一日のすべてを党のために使えた。その差が大きかった。やがてヒトラーなしでは党が成り立たなくなり、自然と指導的な立場になっていく。

党名を改称した一カ月後の三月末、ヒトラーは正式に国防軍を除隊した。逆にいうと、それまでの半年間は、まだ兵士でもあったのだ。

ヒトラーは三十歳にしてようやく自立したともいえる。党からの演説の報酬だけでは生計は成り立たないが、演説の名手として名高くなっていたので、富裕層の間にヒトラーの支持者がおり、経済的にも支援してもらえるようになっていた。

半年にして、ヒトラーは政治家として独り立ちしていた。武器となるのは、その口だけである。その「口」でやがて全ドイツを心酔させ、支配する。

▼成功したら、自分の入る前の組織は脆弱だったと強調しカリスマ性を高める
▼スピーチ力は大きな武器

党首へ

それからの一年間で、ナチスはミュンヘンで四十回以上の集会を開いた。ほぼ毎週といっていい。そしてそのほとんどでヒトラーは弁士として演説した。聴衆が二千人を超えることもよくあり、一九二一年二月にサーカス場を借りて集会をした時には六千五百人も集まった。

ヒトラーとナチスがこんなにも人気があったのは、ミュンヘンは反ベルリン・反プロイセン感情が強く、そのベルリンの中央政府が左派の社会民主党政権だったからだ。反ベルリン感情が、反左派感情となり、反共・反ユダヤの思想がもてはやされる土壌があったのだ。ヒトラーはこうしたミュンヘン人の気持ちをうまく摑《つか》んだ。

しかし、ヒトラーよりも前からドイツ労働者党の党員だった古参メンバーにとっては、自分たちよりも後から入ってきたヒトラーばかりが目立つのが面白くない。

そんなところに、他の極右政党との合同問題が出てきた。

ナチスの前身のドイツ労働者党を指導した秘密結社トゥーレ協会には、母体ともいうべきゲルマン騎士団という結社があった。そのゲルマン騎士団が作った政党にドイツ社会主義党があった。社会主義を名乗っているが極右政党である。ただ、その名の通り、社会主義的な要求を前面に出している政党で労働者階層を支持母体としていた。

このドイツ社会主義党はミュンヘンだけでなく、全ドイツに組織があり、それぞれの地域ごとに独立性が高かった。このドイツ社会主義党とナチスとの合同の話が持ち上がったのである。ドレクスラーたち古参党員はこれに賛成した。

だが、ヒトラーは猛反対した。

ヒトラーの反対の理由は、いくつかあった。ドイツ社会主義党は各地域の支部の独立性・自主性を認める組織運営をしていた。だがヒトラーは中央集権的な党運営をすべきだと考えていた。政策としても、ドイツ社会主義党はそれほど国家主義的ではなく、労働者に有利なような社会主義的な要求を掲げており、この点でも中産階級を支持層にしていたナチスとは異なっていた。合同すれば、全ドイツの政党となるので首都のベルリンへ本部が移ることになるだろう。

これらすべてをヒトラーは容認できなかった。

しかし本当の反対理由は、合同することで自分の存在価値が相対的に低くなると察したからである。実際、ドレクスラーたちは、ヒトラーがこれ以上、増長するくらいなら合同したほうがましだと思っていた。

ヒトラーは党の財政が悪化していたので、資金調達のためにベルリンへ行くことになった。その留守の間にドレクスラーたちは、ヒトラー抜きでの会議で合同を決めてしまおうと企んだ。しかし党内にはヒトラー派もいたので、その動きをベルリンにいるヒトラーに報せた。

ヒトラーはミュンヘンへ戻った。しかし党の委員会では、ドレクスラーらが工作したので、合同賛成派が多数となっていた。

七月十一日、このままでは合同が決まってしまうという、ぎりぎりの時、ヒトラーは離党を宣言した。ドレクスラーたちは動揺した。最大の人気者を失ってしまっては合同しても何の意味もない。党が大きくなるどころか解党の危機である。

ドレクスラーたち党幹部はヒトラーに復党を求めた。するとヒトラーは離党宣言の三日後の十四日に条件を提示した。自分が党首（第一議長）となる、独裁権を持つ、三人からなる行動委員会を組織する——独裁を認めろという要求である。他の政党との合同も、ナチスへの無条件での併合以外は認めない、という。

ヒトラーは、オール・オア・ナッシングの戦略を取った。というより、彼には他に手段はなかったともいえる。

中途半端な妥協をしたのでは、いずれ同じことが繰り返される。自分のいまの人気であれば、ナチスを出て新党を結成したほうがいいかもしれない。ヒトラー個人の支援者も多かったので資金面でもどうにかなる。こうしたことを考えた上での、離党宣言だった。

ヒトラーには、「ナチスなしのヒトラー」でも運動家としての展望があった。ドレクスラーたちには「ヒトラーなしのナチス」としての展望はなかった。ドレクスラーたちは、この条件を呑むしかなかった。かくしてヒトラーは復党した。

七月二十九日に開催された臨時党大会でヒトラーは新党首に選出された。ドレクスラーは名誉党首に祭り上げられ、実権を失った。さらにヒトラーの要求を取り入れた党の定款が承認され、ヒトラーの単独責任性、すなわち独裁が決まった。

党員になるつもりもなく密偵として集会に参加した一九一九年九月十二日から二年弱にして、アドルフ・ヒトラーは一気に党を自分のものとしたのである。三十二歳になっていた。

▼その時の最高ポストしか引き受けない
▼自分を高め高めに見積る

＊　＊

ロシアで革命が成功し、ドイツでも革命が起きた頃、中国で後に革命を起こす毛沢東は、ようやく、一九一八年に湖南省立第一師範学校を卒業したところだった。

彼はまだ歴史の表舞台には出てこない。

第二部 栄達

スターリン 革命前（1917年）

ヒトラー 1924年

毛沢東 1921年

第一章 スターリン
――継ぐのは誰か

一九一七年に革命に成功したロシア社会民主労働党ボリシェヴィキ派は、ロシア共産党と改称し、後にソヴィエト共産党となる。革命直後の絶対的指導者であるレーニンは、しかし、一九二四年一月に亡くなる。死の一年前から病床にあったので、レーニン政権は実質的に五年ほどだった。

レーニン存命中から、Xデー後の後継者争いは始まっていた。その最初からスターリンは先頭を走っていた。

スターリンの党内抗争は、情報を駆使した心理戦であった。

ロシア共産党の誕生

革命後、レーニン率いるボリシェヴィキは、まず政府として「人民委員会議」を設立した。この「人民委員会議」は日本でいう内閣にあたり、「人民委員」が大臣、「人民委員部」が省、「人民委員会議議長」が首相にあたる。議長にはレーニンが就いた。

十一月二十五日に新しい憲法を制定するための憲法制定議会の議員選挙が行なわれた。その結果、社会革命党が四二〇議席で第一党となってしまい、レーニンのボリシェヴィキは一八一議席しか取れなかった。それ以外の政党も一五二議席を取っており、ボリシェヴィキは国民の多数の支持を得たわけではなかった。

年が明けて一九一八年一月十八日、憲法制定議会が開かれたものの、冒頭で人民委員会議が提出した「勤労人民と被圧迫人民の権利の宣言」が否決されると、ボリシェヴィキの議員は退場した。会場は武装したボリシェヴィキ党員が包囲しており、民主的な会議を求めるデモ隊を弾圧した。以後、憲法制定会議は開かれることがなかった。

人民委員会議は翌十九日に憲法制定会議の解散を決定し、ここに民主的な手続きによって新しい憲法を作るという道筋は否定された。

レーニンは、選挙でボリシェヴィキが多数を取っていたら制定会議で憲法を決めてもいいが、多数を取れなかったら会議そのものを潰すことを、最初から決めていたのだ。それゆえに、この革命がロシアの民意に基づいたものだったのかどうか、その評価は定まらない。

一月二十三日に全ロシア＝ソヴィエト会議が開かれ、国名は「ロシア社会主義ソヴィエト共和国」となった。さらに赤軍も結成され義勇兵が募られた。後のソヴィエト陸軍で、当面の敵は革命政権に反対するロシア国内の勢力だった。

三月にはボリシェヴィキが党大会を開き、党名をロシア共産党と改称した。以後、共産党と記す。

七月の全ロシア＝ソヴィエト会議はソヴィエト最初の憲法を採択した。これにより、全国にソヴィエト（評議会）を設け、十八歳以上の労働者・農民・兵士に選挙権を与え男女同権とすると決まり、これらの点だけを見れば民主的である。しかし、共産党以外の政党は禁止され、ここに一党独裁体制が確立した。

とはいえ、ロシア国内にはまだまだ反革命勢力がいたので、ロシアは内戦状態となり、各地で局地戦が勃発していく。

レーニンの言いなりとなる男

行政機構として作られた「人民委員会議」だが、十五人の人民委員（大臣）のなかにスターリンも選ばれ、民族問題人民委員、日本風にいえば民族問題大臣となった。

スターリンが担当する民族問題とは、ロシア民族以外の民族を革命政権側に引き入れることが主要な仕事だった。スターリンはグルジア人である。彼が革命運動に身を投じたそもそものきっかけはグルジアがロシア帝国の圧政下にあったので、民族自決・民族独立をするためだった。その運動が帝政を倒そうとしていたマルクス主義運動と結びついて、彼はボリシェヴィキになった。こうした経歴からして、スターリンはこの仕事に適していると思われた。

ロシア帝国内とその周辺には多くの民族がおり、その少数民族の独立問題はいまもなおロシアの課題となっている。そうした難題をスターリンは担当することになった。

民族問題を担当する役所など、それまでのロシア帝国にもケレンスキーの臨時政府にもなかったので、スターリンはオフィスの場所探し、スタッフ集めから始めなければならなかった。ライバルのトロツキーは外務人民委員、つまり外務大臣となった。派手で目立つ仕事である。トロツキーはその後は軍事人民委員となり、赤軍建設を指導する。

民族人民委員部の部屋も決まりスタッフも集まったと思ったところで、最初の人民委員会議は消滅してしまった。人民委員会議の十五人のメンバーにはメンシェヴィキや社会革命党との連立を主張する者がおり、レーニンがそれに抵抗すると、人民委員を辞任すると言い出し、内輪もめを始めたのだ。ボリシェヴィキのなかからも、人民委員会議のメンバーではなかったが、カーメネフ、ジノヴィエフらがこうした動きを支持した。

レーニンはメンシェヴィキとの協議に入らざるをえなくなった。協議を始めると、レーニンとトロツキーは革命時に武装蜂起を提唱した暴力者だとの理由で、政府から外せという条件がメンシェヴィキから出された。こんなものを受け容れるわけにはいかない。共産党の会議ではこの要求を拒否することが決まった。スターリンは当然、拒否するほうに賛成した。

メンシェヴィキとの連立はこうしてなくなり、その代わりに、社会革命党左派（エスエル）が入閣することになった。

この問題はレーニンに危機感を抱かせた。共産党政権はロシア全土をまだ制圧できていない。国内には貴族や大地主、大資本家をはじめ帝政に戻したがっている勢力もまだまだいる。社会主義国家の誕生に危機感を抱いた外国も内政干渉してくる。日本もシベリアへ出兵した。第一次世界大戦も継続中でドイツとの戦争は終わっていない。

経済は麻痺しているし、農業・食糧問題も深刻である。国内外に重要課題が山積しているのに、いちいち会議を開いて討論している場合ではない。レーニンは信頼できる少数の者だけで決定できるシステムを求めた。

すでに共産党党内では、中央委員会のなかに、レーニン、スターリン、トロツキー、そしてスヴェルドロフの四人による執行委員会を設けた。そこでレーニンは、政府である人民委員会議においても、少数のメンバーだけで重要政策を決められるようにした。そのメンバー構成はレーニンとスターリン、トロツキーの三人の共産党と、社会革命党左派の二人、合計五人となった。

かくしてスターリンはいつもレーニンのそばにいるようになった。レーニンの方針に常に賛成していたがために、そういうポジションがまわってきたのだ。何があっても自分の上司には逆らわずについていく——この処世術が、いまのところは成功していた。

その上司が党と国家の最高権力者となったのだから、自動的にスターリンにはナンバーツーかナンバースリーのポジションがもたらされたのだ。ただ、問題は、二番なのか三番なのかである。トロツキーというもうひとりの実力者の存在が、スターリンの前には立ちはだかっている。

レーニンとしてはスターリンの知性や知識、人格や性格を評価して抜擢《ばってき》しているのではない。絶対に自分に逆らわない者として重用していただけに過ぎない。連立内閣での五人の重要メンバーはその過半数の三人を共産党が占めている。さらにその三人の共産党のうち自分（レーニン）とスターリンが常にまとまっていれば、トロツキーが反対しても、共産党としての総意はレーニンの考えが通る。

組織において決定権者が複数いる場合、そのなかでの最小ユニットの過半数を取ることが、全体の決定を左右する。共産党のような上意下達の民主集中制を採用している組織においては、上層部に行くほど決定権者は少数となるが、それでも、ナチスのようにヒトラー個人にのみ決定権のある組織ではない。上層部の会議の場で多数決による勝利を常に得られる状況にするのが権力維持に不可欠である。

日本の政界においてこの原則を知り抜いていたのが、田中角栄だった。衆議院の議席を仮に五〇〇とすると、その過半数の二五一議席を取れば政権は取れる。さらに、二五一議席の過半数の一二六議席を取っていれば、自民党総裁になれる（厳密には参議院議員や地方代表の票も必要だが、話を単純化する）。その総裁選で勝つのに、自分の派閥だけでは無理な場合は、他の派閥と同盟すればよく、その場合も半分以上を持っていれば主導権を握れる。つまり、一二六の半分以上なので六四あればいい。五〇〇人の国会議員のうち、六四人がまとまれば、政権が取れるという理屈になる。

派閥抗争とは、単純に数が多ければいいのではない。どのレベルで過半数を取ればいいかを見極めることである。

スターリンはレーニンのそばにいて、こうした単純な組織論こそが、最も重要であることを学んだに違いない。

レーニンは、革命政権が直面したさまざまな課題においてはトロツキーや他の幹部の意見を重視した。スターリンには意見を求めることすらしなかった。しかし、日常的な行政事務の遂行にあたっては、スターリンを頼るようになっていく。

年齢を確認しておこう。一九一七年の革命の年、レーニンは四十七歳、スターリンは三十九歳、トロツキーは三十八歳であった。

■時が来るまで直属の上司には逆らわない
■どのレベルでも数の論理を意識して動く

「階級の敵」を決めるのは誰か

一九一九年には、政府の最高機関である人民委員会議よりも、共産党中央委員会政治局が実質的な国家の最高決定機関となり、レーニン、トロツキー、カーメネフ、ジノヴィエフ、スターリンの五人がメンバーとなった。

ロシアは、共産党が指導的役割を果たす国となっていたのだ。こうして、国家の行政組織と党とが二重構造となり、複雑に絡む国が誕生した。

共産党の当面の最大課題は内戦での勝利だった。スターリンはどんな命令にも従う集団を配下に組織して、内戦でも指導者のひとりとなった。

この内戦の過程で、「階級の敵」は殺してもいいという考え方が確立された。戦争なのだから仕方がないともいえるが、以後の党内抗争でも人命尊重という思想が欠如することになる。党内で権力を握れば反対派を「階級の敵」と決めつけて殺してもいいことになってしまうのだ。

この「階級の敵」を見つけ出して粛清するための機関としては、革命直後の一九一七年十二月の段階で「反革命とサボタージュとの闘争のための非常委員会」(略称・チェーカ)が作られた。このチェーカが後に一九二二年に国家政治保安部(GPU)、三四年に内務人民委員部(NKVD)となって、スターリンの粛清の実行部隊となる。スターリンの死後、ソ連崩壊まで存在した、国家保安委員会(KGB)の前身である。いずれも秘密警察であり、謀略機関であり、さらには殺戮《さつりく》も担当した。

内戦と新経済政策

共産党は、内戦中は戦時体制という認識のもとで企業を国有化し、農民から穀物や馬を強制的に徴発した。これにより、革命政権と農村とは対立関係になった。しかし、農民としては革命前の地主制に戻り、奴隷同然になるよりは、まだソヴィエト権力のほうがましに思えたので、最後はレーニンの政権を支持せざるをえなかった。

内戦は二年ほどでどうにか共産党の勝利で終わった。

これを受けて一九二一年三月から経済は部分的に自由化された。これを「新経済政策(ネップ)」という。農民からは食糧税を取るが、税として納めたもの以外は市場で自由に売ってもよいようになり、個人商店も一定の範囲内で認めた。はるか後、ゴルバチョフが登場し、ペレストロイカの名で経済の部分的自由化を導入するが、その原型でもある。

この新経済政策はレーニンが決めたものだったが、党内の反レーニン派は資本主義への回帰だとして反対した。

こうしてレーニンへの反対派が顕在化してくると、一九二二年四月、レーニンは権力基盤を固めるために、自分の腹心であるスターリンを共産党書記長に据えることにした。

この「書記長」というポストは、後に最高権力者を意味することになるが、この時点では党の官僚組織の事務官のトップという意味しか持たない。企業でいう総務部長のようなものだろう。共産党のトップは「最高指導者」という呼称で呼ばれるレーニンであり、レーニンはさらに人民委員会議議長でもあった。

共産党においては、もともと書記長というポストは権力ポストではなかった。しかしスターリンは死ぬまでこの書記長というポストにあり、その結果、書記長というポストが最高権力を持つことになり、スターリンの死後、ゴルバチョフの時代までそれが続いたのだ。

したがって、レーニンのこの人事は、彼がスターリンを自分の後継者として公認したことは意味しない。面倒な実務をスターリンに任せただけの話だった。書記長の仕事は、党の各局の調整役とされていた。決定機関としては政治局が最高位にあるはずだった。

党内で反対派を抹殺（文字通り、殺害する権限まであった）する粛清を担当するのは中央統制委員会である。擬似的ではあったが、中央統制委員会は裁判所の役割を持っていたので、中央委員会と政治局からは独立した組織とされた。やがて中央統制委員会と中央委員会との調整が必要となり、その実務を書記長の下にある書記局が担うことで、誰を粛清すべきかの情報を集め、委員会に提出するのが書記長の仕事となった。こうして書記長が実質的な粛清の権限を持つようになる。

カリスマ性のある者はその権威や人間的魅力によって組織の構成員の尊敬を集め、それによって権力を行使する。ヒトラーは、カリスマ性があったのでナチスで権威を持てたが、スターリンにはない。カリスマ性があるのはレーニン、そしてトロツキーだった。

スターリンのような学問も理論もなく、カリスマ性もない者は、どうしたらいいのか。えてしてカリスマ性と自分の才能に自信のある者は、退屈なルーティンワークを苦手とする。派手で目立つ仕事ばかりをしたがり、地道な仕事は蔑視しがちだ。

したがって、スターリンは実務を引き受けることで党内の情報を掌握し、彼なしでは組織が動かない状況を作り上げていく。これもまた権力への階段を登る、ひとつの道だった。業績などなくてもいいのだ。組織運営の根幹さえ掌握すればいい。

スターリンには、革命前の非合法時代から前科者を組織して犯罪集団を作って恐喝をしたり売春宿を経営したことがあるように、組織作りの才能と、人を動かす力はあったのである。いままではその能力を革命のため、レーニンのために使っていたが、いつまで他人のために働くのか。

■みんなが嫌う地味で面倒な〝実務〟こそ引き受ける
■自分なしに組織が動かない状況を作る

レーニン、倒れる

内戦の最中の一九一八年八月、レーニン暗殺未遂事件が起きた。演説を終えて会場から出て自動車に乗ろうとしたところを撃たれたのだ。肩と肺に命中し、すぐに病院へ運ばれた。しかし、銃弾を摘出するとかえって危険だとして、手術はされなかった。これが六年後のレーニンの死の遠因ともされる。

共産党は指導者レーニンの健康状態という新たな危機も抱えることになった。それは、スターリンにとっては思っていたよりも早く権力を握れるチャンスが来ることを意味していた。

レーニンがそう長くはないと判断した時点で、スターリンはレーニンと必ずしも同一歩調を取らなくなる。

レーニンは次第にクレムリンでの執務に耐えられなくなり、モスクワ郊外のゴールキで過ごすようになった。そして、一九二二年五月二十六日に脳梗塞で倒れ、幸いにも助かったが、右半身の麻痺と軽い言語障害が残った。しかし、意識はまだしっかりしていた。

重症となったレーニンの容態を安定させるとの名目で、レーニンと会えるのは党幹部でもスターリンのみとなった。

これにより、レーニンのもとにはスターリンが許可した情報しか上がらなくなり、またレーニンの意向もスターリンを通してしか党に伝わらなくなった。

レーニンは病気を理由にスターリンに囲い込まれた。こうして情報を遮断することによって、スターリンは実質的な権力を摑んだ。

それでも重要事項はレーニンの決済が必要だった。レーニンを苛立《いらだ》たせたのが、グルジア問題であった。

前述のように民族問題はロシアにとって難問であった。少数民族は感情的に反ロシアである。その思いが反共産党になるのは、レーニンにとっては好ましくない。それはスターリンも同じだった。しかし、スターリンは少数民族を押さえ込む政策を取った。

内戦が終わり、一九二二年になる頃には、共産党政権はかつてのロシア帝国の版図をほぼすべて制圧した。そのなかのロシア以外の民族が暮らす地域でも、たとえばグルジア、ウクライナなどは地域ごとに共和国となった。

グルジア出身のスターリンとしては民族独立の悲願達成のはずだが、そう単純な話とはならなかった。スターリンはいまや自分がモスクワの中枢にいるので、その立場で中央集権型の国家組織としたいと考え、グルジアの完全な独立には反対するのだ。

一方のレーニンは民族自決の原則から、民族ごとに独立させロシアとは対等な立場での連邦構成を考えていた。しかしスターリンは、グルジアを含む各共和国をロシア連邦に組み込むことを主張し、対立した。

グルジア共和国の指導者たちは自分たちと同じグルジア人であるスターリンよりも、レーニンを支持するようになる。レーニンは病床にあり療養中だったので、スターリンへの手紙で反対だと表明し、対等での連邦にするように求めた。

しかし、モスクワでの党の実権はスターリンとカーメネフ、ジノヴィエフが握るようになっていた。レーニンは手紙で指示を出すことしかできず、その手紙は秘書を通じて出されるが、その秘書はすでにスターリンの息がかかっていた。

それでもスターリンは最後にはレーニンに従った。

一九二二年十二月三十日、全共和国をロシア連邦に組み入れるスターリン案は撤回され、ロシア連邦と、ウクライナ、ベラルーシ（白ロシア）、そしてザカフカス連邦の四国が対等な立場でソヴィエト社会主義共和国連邦となった。

ソ連という連邦国家があり、そのなかのロシアとザカフカスはさらにいくつかの国によって構成される連邦国家という仕組みである。そのザカフカス連邦は、アゼルバイジャン、アルメニア、グルジアで構成された。グルジアは単独の共和国としてソ連に加わることはできなかったが、ロシア連邦に組み入れられることは阻止した。そして、後にグルジア、アゼルバイジャン、アルメニアはそれぞれ独立してソ連邦を構成する。

レーニンと対立を始めた頃、スターリンは後に内務人民委員部の初代長官となるゲンリフ・ヤゴダを配下にしていた。ヤゴダは薬剤師の資格を持ち、毒物にも詳しい。このことから、スターリンの命令によってヤゴダがレーニンを毒殺したという説まであるが、真相は分からない。

■最高幹部のたった一人の連絡役になる

電話を与えて盗聴

この頃、共産党幹部たちは当時の最新の文明の利器である電話を、それぞれの執務室や自宅に据え付けた。これはスターリンが勧めたものだった。党幹部は特権として文明の利器を与えられると、離れていたところでも会話ができる機械に興奮し、頻繁に語り合った。誰かの悪口、他愛のない猥談《わいだん》――それらはすべて盗聴されていた。

盗聴していたのはただひとり、スターリンである。彼の趣味は盗聴となった。一晩中でも、彼は同志たちの会話を盗聴していた。スターリンはすべてを知っていた。

こんにちでも、経営者あるいは企業の幹部のなかには役員や従業員の電子メールを監視している者がいるであろう。社内クーデターを電子メールで打ち合わせる役員がいたら、かなり間抜けである。だが、共産党幹部たちは、会って話すと目立つが電話なら大丈夫だろうと、スターリンの悪口を言い合っていた。

それだけなら、まだ救われた。しかし彼らは、AとBが電話でCの悪口を言ったかと思うと、AとCの間ではBの悪口を、BとCとはAの悪口を言っており、それらすべてがスターリンには筒抜けだった。

後にスターリンは国家全体にこの盗聴システムを築き上げる。もちろん、彼ひとりですべては聞けないので、秘密警察という盗聴と密告受付の機関が、それを担当する。

■あらゆる情報を収集するため盗聴も辞さない

レーニンとスターリンの対立

グルジア問題での対立を通して、レーニンはスターリンの真の姿を知った。あまりにも粗暴な性格だといま頃になって知ったのである。そしてこの男をいつまでも書記長にしておいてはまずいと考えるようになる。

レーニンがスターリンを見限るのは遅すぎた。

共産党指導部はスターリン、カーメネフ、ジノヴィエフの三人によって固められていたが、この三人を結束するようにしたのが、他ならぬレーニンだった。レーニンには他に頼る者はいない。いるとしたら、ひとりだけ——トロツキーである。

では、トロツキーは何をしていたのか。革命直後に外務人民委員になった後、トロツキーは軍事人民委員・最高軍事会議議長に就任し、赤軍の創設にあたった。大衆的な人気もあり理論家でもあり、レーニンの後継者の最有力候補だった。何よりも当人が、レーニンは自分を後継者と考えていると思っていた。

たしかに、レーニンはトロツキーの才能を買っていた。しかし、長い亡命生活で自制することに慣れていたこの革命家は、激情タイプの人間を嫌っていた。ある会議でトロツキーはレーニンと意見が対立し、激しい口調で攻撃した。それを受けて、レーニンは自分を抑え、「誰かの神経が乱れているようだ」と皮肉を言ってその場を収めた。それ以降、レーニンはトロツキーを蔑視するようになっていた。

では、他の幹部に対してはどうだったのか。実はレーニンは、誰ひとりとして党幹部に満足していなかったし、信用していなかった。その点ではスターリンも信用されていない。ただ、消去法でスターリンは残っていた。その程度だった。

しかしそのスターリンを切らなければならない。となると、レーニンが頼れるのは一度は見限ったトロツキーしかいない。レーニンは秘書を通じてトロツキーと連絡を取り、「次の党大会でスターリンを書記長から解任する」と告げた。

秘書はスターリンにも「レーニンがトロツキーと連絡を取り、次の党大会でスターリンを書記長から解任すると伝えた」ことを告げている。レーニンの周囲にはすべてスターリンの息がかかっていた。そうではないのは、レーニンの妻クルプスカヤだけだった。

レーニンにはクルプスカヤしか信頼できる者がいない。自分では手紙が書けなくなっていたので、口述し、クルプスカヤが書いた手紙をスターリンに出した。そこにはスターリンを批判する内容が書かれていた。手紙を受け取ったスターリンは激怒して、クルプスカヤに電話をかけた。

「これはあなたの筆跡ではないか。私はあなたに命令される立場にはない。二度と党のことでウラジーミル・イリイッチ（レーニンのこと）と話さないでいただきたい。さもないと、党の統制委員会に来てもらう」

統制委員会にかけられれば命が危ない。クルプスカヤは驚いた。そしてすぐに夫のレーニンに、スターリンからこう言われたと告げた。それを聞いたレーニンは、今度は不自由になった手で、ふるえながら必死で自筆の手紙を書いた。

「妻に対して取った君の粗暴なふるまいは許しがたい。我々の友情もこれで終わりだ」

これはスターリンへの絶縁状である。しかし、それだけでは単に友情が終わっただけだ。

十二月の終わり、レーニンは来るべき党大会まで自分は生きていないと予感し、「死後、党大会の場で読み上げるように」との但し書きのもと、「遺言状」を書き、妻に託した。

ところが、その手紙は秘書に清書させたものだったので、控えが取られ、スターリンのもとへ届けられた。そこにはスターリンへの批判が書かれていた。

「スターリンは書記長となるに及び、その手に巨大な権力を握った。しかし私は彼が思慮深くその権力を行使する術を心得ているとは思えない」

そして、こうとどめを刺す。

「同志諸君が、スターリンを書記長の地位から追い出し、もっと誠実で、礼儀をわきまえ、もっと思慮に富み、移り気でない他の同志を書記長に指名するよう提案する」

それだけならばスターリンはその手紙をもみ消し、党大会でクルプスカヤが公表するのを何としても阻止したであろう。ところが、スターリンはその手紙を同志であるカーメネフとジノヴィエフを呼んで、見せた。

なんと遺言には、スターリンだけでなく、カーメネフやジノヴィエフへの批判も書かれていたのだ。カーメネフら二人は「隠密政治家」だと書かれていた。レーニンの遺言を読んだ二人は不機嫌になり、「こんなものは公表すべきではない」という点でスターリンと一致した。

■疑り深い最高権力者には好かれなくても、ライバルよりは嫌われないように
■最高権力者を追い落とす時は、ライバルと共闘する

死闘

一九二三年になった。レーニンはスターリン攻撃の手紙を書いていた。しかし、それらが公になることはなかった。トロツキーはレーニンと連絡が取れなくなっていく。

二月一日、スターリンは党中央委員会の正式な会議で、自分をレーニンの後見役から外してくれと言い出した。これは作戦である。カーメネフとジノヴィエフは、そんなことを言わずにレーニンの後見役を続けるようにと要請し、会議でもそれが議決された。スターリンは党の決定でレーニンの後見役を続けることとなった。

そして三月十日、レーニンは脳卒中で倒れ、会話もできなくなった。

しかし、レーニンはそれからなおも一年近くは生きた。彼が亡くなるのは翌一九二四年一月なのだ。

レーニンが再び元気になり政務を担当できることは絶望的となった。スターリンとしては、最大のライバルはトロツキーである。

だが、いまのところは親しくしているカーメネフ、ジノヴィエフ、そしてブハーリンもレーニンの後継者候補としては有力だった。

ここで彼らのこれまでを簡単に振り返る。

トロツキーは演説もうまく理論家だった。ただ、革命直前までメンシェヴィキにいた、いわば外様である。レーニンとも必ずしも良好な関係ではなかった。トロツキーが革命の英雄であることは事実だったが、性格に問題があると考えたレーニンはトロツキーを重要なポストから外していた。

カーメネフはずっとボリシェヴィキだった。トロツキーの妹を妻にしていながらも、反トロツキーだった。革命の時にレーニンが主張した武装蜂起に最初は反対したのが汚点となっている。スターリンを書記長にと提案したのは、実はカーメネフだった。トロツキーはもちろん、ジノヴィエフも嫌っていたので、他の二人が書記長になるくらいなら、無能なスターリンにやらせておけばいいと甘く見たのだ。

ジノヴィエフもボリシェヴィキの古参メンバーでレーニンの側近だった。そしてカーメネフと共に武装蜂起に反対したので、一時はレーニンから裏切り者と罵られた。

ブハーリンは一八八八年生まれなのでスターリンより十歳若い。モスクワ大学を出たインテリで理論家で、彼の論文がレーニンに影響を与えたほどだった。レーニンとは意見が対立した時期もあり、トロツキーと親しい時期もあった。レーニン存命中はまだ政治局員にはなっていない。スターリンたちより少し若いため、彼は自分が後継者になれるとは思っていないが、彼が誰の側につくかで情勢が変わるため、ある意味でキャスティングボートを握る立場でもあった。

レーニンが倒れた後の一九二三年四月の党大会で、トロツキーは反撃の狼煙《のろし》を上げた。大会直前にトロツキーに近いジャーナリスト出身の党員が「トロツキー——勝利のオルガナイザー」という論文を共産党機関紙「プラウダ」に発表し、トロツキーを礼賛した。さらに、新聞各紙に、それまで明らかにされていなかったレーニンの病状についての記事も出た。大会が始まると、トロツキーの支持者が「レーニンの手紙があるらしい」との噂を広めた。そしてトロツキーが演説すると、万雷の拍手が起きた。

しかしこれらの示威行動は、トロツキー派の自己満足に終わった。スターリンはびくともしなかった。それどころか、トロツキーの人気があることを思い知ったカーメネフとジノヴィエフは動揺し、改めてトロツキーを失脚させねばと決意してしまい、ブハーリンもスターリン側についてしまったのだ。ブハーリンはジノヴィエフと親しくなり、共同歩調を取るようになる。

トロツキーの言動は、反トロツキー陣営を結束させただけだった。

そしてレーニンの手紙はもちろん公表されなかった。手紙の内容を知っていること、それにもかかわらず公表しなかったことで、スターリン、カーメネフ、ジノヴィエフの三人は共犯関係にあった。三人は団結していくしかない。それはカーメネフとジノヴィエフにとってはスターリン書記長体制の維持に努めなければならないことを意味していた。二人はスターリンに、「レーニンの手紙を隠した」ことをばらされたくなかったら、スターリンの権力を容認するしかないのだ。

インテリで理論家でもある点ではトロツキーも同じだが、彼らは学歴のないスターリンを蔑視し、甘く見ていた。彼らは権威と権力は欲しかったが、仕事はしたくない。だから、面倒そうな書記長ポストをスターリンに押し付けた。

そこをスターリンに見透かされていた。それが失敗だと気づくのは、もう少し後だった。あるいはすでに気づいていたが、後戻りできなかったのか。

最終的に権力を握るまでは、裏方のような目立たない仕事を率先してやっていればいい。そしてとにかく情報収集と情報管理だ。情報を制し実務を制して組織を掌握する者が勝利するのだ。

■共闘している者が多い時は、「誰にとっても害のない」立ち位置で

党内抗争が公然化

五月になると、レーニンが瀕死の状態から快復した。奇跡だった。スターリンをどうにかせねばとの執念なのか。しかし言語能力は完全には戻らない。

レーニンはモスクワ郊外のゴールキで療養していたが、「絶対安静」を理由にスターリンは誰とも面会させなかった。医師や看護婦からの病状報告は、スターリンにのみ届けられた。レーニンはスターリンによって軟禁されていたも同然だった。

だが、夏が過ぎて、十月になると、レーニンがモスクワにやって来た。そこまで快復したのだ。これはスターリンにとって脅威であった。どうにかしなければならない。レーニンは完全に快復したわけではなく、ただ姿を見せただけで、ゴールキに帰った。いや、レーニンは自分の執務室で何かを探したようだが、はっきりしない。レーニンはモスクワに来られるまで快復したはずなのに、その直後、まるでスターリンが毒を盛ったかのように、またも悪化していく。

トロツキーは中央委員会のメンバーに向けて手紙を書いたり、機関紙「プラウダ」に指導部批判の論文を載せ、スターリン、カーメネフ、ジノヴィエフの「三人組」を批判し始めた。これにはカーメネフ、ジノヴィエフ、そしてやはり批判されたブハーリンも応戦せざるをえなくなり、「プラウダ」では双方が非難し合った。

しかしスターリンだけは沈黙していた。

スターリンは年が明けて一九二四年になると、一月に党の代表者会議を開催し、「分派活動による党からの除名決議」の公表を決めた。この決議はかつてレーニンが決めたもので共産党の秘密決議とされていた。分派活動をしたとみなした者を処刑（殺害）していいとの党の規則だったのだ。血の掟である。

こうして共産党が分派活動を許さない党であることが、改めて示された。

分派活動とは、党の指導部に反対することをいう。指導部とは中央委員会であり、そのメンバーの過半数は、すでにスターリン派が握っている。トロツキーは外堀を埋められた。そして、その外堀を埋めたつもりのカーメネフらも、実は、もうスターリンには逆らえなくなっていたのである。

レーニンは死にかけていたが、トロツキーも健康状態が悪化していた。そこで、医師団は、トロツキーにグルジアの黒海に面した保養地であるスフミへ療養に行くように勧め、トロツキーはそれに従った。

トロツキーがモスクワを去るのを待っていたかのように、レーニンは危篤になった。スターリンは誰にも見舞いに行かせないように徹底した。臨終の言葉を聞くのはスターリンだけでいいのだ。

一九二四年一月二十一日、レーニンは死んだ。死因は脳梗塞とされている。

スターリンが主張して、レーニンの遺体は防腐措置が取られ、永遠に保存されることになる。

レーニンの葬儀は党書記長であるスターリンが執り行なうことになった。

亡くなった二十一日は月曜日で、葬儀は二十七日の日曜日と決まる。しかし、スターリンは療養先に向かっていたトロツキーには、二十六日の土曜日に行なわれるという嘘の情報を伝え、「政治局はあなたの健康を考慮して、二十六日に戻るのは大変だろうから、そのままスフミへ向かったほうがいいだろう」と助言した。

スターリンの親切な助言に従い、トロツキーは葬儀には出席しなかった。なんという薄情な人間だ――という噂をスターリンが流したのはいうまでもない。トロツキーは同志にして偉大なる指導者であるレーニンの葬儀に来なかった不心得者という烙印《らくいん》を押されてしまう。イメージ戦略にはいろいろあるが、これは政敵のネガティブキャンペーンの典型例だ。トロツキーは、はめられた。

後継者争いでは、前任の権力者の葬儀を取り仕切った者が優位に立つ。遺産相続でも同じで、祭祀《さいし》権を握ること、つまり喪主となることが決め手となる。これは信長の死後の清洲会議での秀吉を見ても分かるだろう。

■最大のライバルには嘘の情報を流す
■最高権力者の葬儀は必ず仕切る

無視された遺言

レーニンの死後、五月二十二日に党大会が開かれることになった。

未亡人となったクルプスカヤは当然、自分が預かっていたレーニンの遺言を大会で読み上げることを求めた。

共産党に限らず、企業でも団体でもそうだが、「最高権力者の妻」という立場の女性は、公的な地位は何もないのに発言力はあるという、不思議な存在である。

社長夫人の場合は、大株主であることも多いが、それでも取締役でもないのに、経営に口を出せる。この世に男と女がいることから発生した、不思議な存在が「権力者の妻」である。その力は、たとえ夫が亡くなっても、しばらくの間は行使できる。

共産党の場合、レーニンを神格化したため、その未亡人も神に次ぐ存在となり、スターリンとて、ないがしろにはできない。なにしろ、人類の半分は女なのだ。

スターリンら三人組はクルプスカヤの要求を拒否することはできなかった。それは最初から分かっていた。そして遺言状の中身も分かっていたので、スターリンたちは余裕を持って、対応した。

レーニンの遺言は、中央委員会のメンバーを集めた非公開の場で、まず読み上げられることになった。そこにはスターリンだけでなく、トロツキーも批判されており、さらにはカーメネフ、ジノヴィエフをはじめとした党の指導者たちほぼ全員の欠点が書かれていた。

中央委員たちは困惑した。指導部がみな欠点のある人間であることは分かった。スターリンが書記長にふさわしくないのも分かった。では偉大なるレーニンは誰が書記長にふさわしいと言うのだろう。その名前はどこにもなかった。

さらに委員たちは知っていた。スターリンに権限を集中させたのが、他ならぬ偉大なるレーニンであることを。

致命的だったのは、レーニンが手紙の中で「スターリンは私の妻を侮辱した」と書いていたことだった。それではまるで個人的な怨恨《えんこん》ではないか。しかも、レーニンが侮辱されたのならともかく、妻が侮辱されたと言ってスターリンを罵るのは、いかがなものか。

誰もが、この手紙にどう反応していいのか分からなかった。

内容を知っていたスターリンは、ぴくりとも動かなかった。

カーメネフが発言した。「尊敬するレーニンは、病気だったので、公正さを欠いてしまったのではないだろうか。スターリンは、指摘された自分の欠点を自覚し、これからは気をつけるだろう」

レーニンが病気、それも脳の病気だったことは誰もが知っていた。カーメネフは、ようするに、この手紙の内容を公にすると偉大なるレーニンの頭がおかしくなっていたと公にすることになり、それは偉大なるレーニンの名誉を汚すから、黙っていようと言っている。

そしてカーメネフは「スターリンを書記長に留任させるべきだ」と言った。

この間、同じように批判されていたトロツキーは沈黙するしかなかった。分派活動も禁止されているのだ。

こうして手紙は大会の場では公表されないことになった。

全員からの推挙で

大会の後、中央委員会総会が開かれ、書記長を選ぶことになった。スターリンは、これまでにも使った手だが、いったん辞意を表明した。レーニンの遺言には従うべきなので、自分は辞めます、というわけである。

しかし、中央委員たちはスターリンに投票した。カーメネフ、ジノヴィエフはトロツキーを憎み、トロツキーは二人を軽蔑しており、そしてさらに、カーメネフとジノヴィエフも、反トロツキーでは一致するが互いに仲が悪い。

スターリンは誰からも好かれていないが、誰にとっても「一番嫌いな奴」でもなかった。あいつを書記長にするくらいならスターリンのほうがましだという力学で、スターリンは書記長に再任された。

いままでは、スターリン書記長の任命責任は偉大なるレーニンにあったが、レーニンの死後、スターリンを書記長にしたのは中央委員会の総意となったのだ。

スターリンに反対する者は以後はすべて分派活動とみなされる。スターリンが独裁で決めたのではない。中央委員会の総意である。そして中央委員会のメンバーは党大会で選ばれたのだから、全党員の総意である。そしてソヴィエト社会主義共和国連邦が、共産党の指導のもとにあることは、いつどこで決まったのかは、実は曖昧《あいまい》だが、もはや国民の総意ということになっていた。

かくして、スターリンは、レーニンの後継者にして、ソヴィエト共産党の、そしてソヴィエト社会主義共和国連邦の指導者となった。

スターリンはこの年、四十六歳になる。

■責任あるポストに全員の推挙で就任し、誰も逆らえなくする
■「好かれる」必要はない、誰にとっても「一番嫌いな奴」にさえならなければいい

第二章　ヒトラー

――我が闘争

ヒトラーが入党した一九一九年九月には、ナチス（当時はドイツ労働者党）はせいぜい数十人しか党員がいなかったが、ヒトラーが党首となった一九二一年の終わりには党員数は六千人と推定されている。急成長しているわけだが、驚くべきはその後で、二年後の二三年十一月にミュンヘンで蜂起した時には五万五千人の党員がいたとされる。この蜂起の失敗で党員数は二万人程度にまで落ち込むが、一九三三年一月の政権獲得時には百二十万人にまで達していた。

その間、ヒトラーは党内抗争と、ドイツ政界全体での政争に勝ち抜いて、首相となる。さらにはヒンデンブルク大統領の死によって、国家のトップ、そして国家を超越した存在にまで上り詰める。

ナチスという組織における出世では、一九二一年七月に党首となったことで終着点に達したので、以後、ナチス党内におけるヒトラーの言動は一種の「経営術」として捉えることもできるが、国のトップを目指す以上、ヒトラーの出世物語はまだ終わらないので、「出世術」の側面も持ち続ける。ドイツ政界という大きな企業のなかでナチスという部署のトップに立った中間管理職と捉えることもできるのだ。最上位にはヒンデンブルク大統領がいる。

ロシアでは暴力革命によって社会主義政権が樹立された。これに危機感を抱いたドイツの財界や保守・右翼勢力は、不本意ながらも社会主義になるのを防ぐために共和制を呑んだ。こうしてワイマール憲法体制となったが、これは左右両派の妥協の産物だった。当然、双方に不満が残る。

中央政府の政権は、社会民主党を中心とした連立内閣となるが、その左に共産党、右に極右政党がいくつもあった。そして共産党も極右も議会選挙にも臨むが、暴力革命路線も完全には捨てなかった。

党内でのヒトラーのライバルとしては、グレゴール・シュトラッサー（一八九二〜一九三四）という左派の論客がいた。第一次世界大戦では一級鉄十字勲章を受章しており、戦後は薬品店を経営していたが、一九二〇年にナチスに入った。ナチスの政策における社会主義的な側面を強調して労働者階層の党員や支持者を増やすのに貢献した。

ナチスの外でのライバルは共産党である。アメリカに発した大恐慌の影響はドイツにも及び、失業者が増大し、社会は不安定になっていく。その不満の受け皿となるのは、極右と極左となり、潜在的支持層が重なるのだ。

ミュンヘン一揆の失敗

一九二三年十一月、ヒトラーはバイエルン州政府を乗っ取ろうとクーデターを起こし、失敗する。これを「ミュンヘン一揆」という。成功していれば「ミュンヘン革命」とでも呼ばれたかもしれない。

第一部で述べた、ヒトラーがナチスの党首になるまでは、内輪の話である。ドイツ全土ではヒトラーはまだ無名に等しい。ヒトラーとナチスを「悪名」というかたちで有名にしたのが、ミュンヘン一揆だった。

当時のドイツは国民の不満が鬱積《うっせき》していた。

ヴェルサイユ条約ではドイツはフランスなどに巨額の賠償金を払うことになっていたが、かなり無理な金額で、滞ってしまった。それを理由に一九二三年一月、フランスとベルギーはドイツのルール地方へ軍を進駐させた。そこはドイツ有数の工業地帯だった。ドイツ政府はフランスへの抗議として、ルール地方の工場や炭鉱の労働者にストライキをするように呼びかけた。ドイツ国民もフランスへの怒りに燃えた。ところが、ストライキをした労働者に賃金を保証するために紙幣をたくさん刷ったため、国中が一気にハイパーインフレに襲われた。ドイツ国民のフランスへ向けられていた怒りの矛先は、今度はドイツの中央政府へ向けられることになる。

とくにもともと反ベルリンの空気が強いミュンヘンでは、中央政府への反発が鬱積していた。

こうした情勢を目にして、ヒトラーは武力によってバイエルン州政府を乗っ取り、バイエルン軍としてベルリンへ進軍しようと考えた。その一年前の一九二二年十月にイタリアでムッソリーニがローマへ進軍して政権を取ったという前例があったので、それに刺激されていたからでもあった。

こうした外の状況に加えて、五万人にまで増えていたナチスの党員たちの間に、このまま黙っているわけにはいかないと、武装蜂起を求める気運が高まっていた。ヒトラーとしては党員から弱腰だと思われることは得策ではない。

ナチスの武力組織として突撃隊（略称ＳＡ）が結成されたのは一九二一年十一月だが、その前身として、一九一九年秋、ヒトラーが入党した直後から、党の集会を護衛する部隊が作られていた。当初は演説者の護衛をするための部隊だったが、一九二一年十月から武力革命のための武装組織となる。

ドイツはヴェルサイユ条約によって軍備が制限されていたが、民間の国土防衛組織が作られ、軍の代わりになっていた。これらの民間防衛組織は右翼団体の別働隊ともなっていたのだ。突撃隊は、いくつかの防衛組織がまとまったものでもあった。

この突撃隊のリーダーが、エルンスト・レーム（一八八七〜一九三四）である。現役の陸軍大尉でありながら、ナチスの突撃隊を指揮していたのだ。レームは突撃隊以外のバイエルン州の右翼団体の戦闘部隊もまとめていた。

こういう状況下、十一月八日にミュンヘン郊外のビアホールでバイエルン州政府主催の集会が開かれ、そこに主だった閣僚が集まることになったので、ヒトラーはその会場に武装したナチス党員たちとなだれ込んだ。

クーデターは一瞬にして成功した。ヒトラーはビアホールに入るなり、一発の銃弾を天井に向けて放った。なにごとだ、とそこにいる全員が、一瞬、ひるんだその瞬間に、ヒトラーは近くのテーブルに飛び乗り、「国家革命は開始された。臨時政府が樹立された。バイエルン州及びドイツ中央政府は倒れたのだ」と宣言した。

そして得意の演説を始めた。そこに居合わせた人々は、最初は何が起きたか分からなかった。やがてヒトラーに不審を抱いた人々を含め、いつしか全員がその演説に魅入ってしまい、ビアホール内では、ヒトラー政権が樹立された。

だが、そこで終わりだった。バイエルン州政府と軍の全体の支持を得ることはできなかった。軍の大物のはずのルーデンドルフを味方にしていたが、彼の影響力はそれほどではなかったのだ。さらにレームが突撃隊を率いてミュンヘン軍司令官ロッソウ将軍を逮捕しに行ったものの、レーム自身が現役の軍の大尉であったため、将軍の「部隊を解散しろ」との命令に従ったのも、一揆失敗のひとつの原因だった。レームは一揆後、陸軍を解任される。

レームのそんな動きも知らず、革命が成功したと思っていたヒトラーは、翌朝、中央政府打倒を訴えるために、三千人の武装した党員と共に市の中心部へと行進した。その行く手を百人の武装警官に阻まれ、乱闘となってしまう。やがて激しい銃撃戦となると、ヒトラーは近くにあった自動車に乗ってその場から逃げてしまった。革命は失敗し、単なる「一揆」として歴史に残ることになる。

知人の家に匿《かくま》われていたヒトラーは、二日後に逮捕された。

▼いけると思った時は強気で攻める、ダメと判断したらすぐに逃げる

裁判を宣伝の場へ

一揆は失敗したが、この事件でヒトラーとナチスは全ドイツ的に有名になった。命がけではあったが、宣伝効果はあったといえる。

さらに、逮捕の次に待っていた裁判で、ヒトラーは堂々と自分の主張を述べることができたので、これもまた宣伝になった。

反政府運動をする場合、失敗して逮捕されたからといって「反省」したのでは、何の業績にもならない。悪い政府を倒すための正しい戦いであると主張することで、党員も喜ぶし、支持者への顔も立つし、さらには新たな支持者の獲得にもつながる。

失敗にくよくよせずに、逮捕・勾留・裁判ですら、自己宣伝へと転化する割り切りが、ヒトラーのその後を決めた。

裁判では四時間にわたる冒頭陳述をしたという。

「責任は私がひとりで負う。しかし、私は犯罪者ではない。国民のために最善を尽くそうとしたのだ」

こう言って、党員や支持者を感動させた。

一揆は十一月で、判決が出たのは半年近く後の一九二四年四月だった。「禁固五年」の判決である。ヒトラーはこの時点でまだ国籍はオーストリアにあったので（一九三二年にドイツ国籍を取得）、ドイツの法律に照らせば、国外退去処分になっても仕方がないのだが、それは適用されなかった。禁固五年も、国家に反逆した割には軽い。裁判長が寛大な刑としたのは、ヒトラーがひとりで罪を背負ったからだった。この一揆にはバイエルン州政府の高官、そして裁判所の判事の一部も関係していた。それらが広く知られると、バイエルン州全体が大きく揺らぐ。ヒトラーは裁判所の秘密を沈黙することで守った。

ヒトラーは自分ひとりの責任とすることで、暗黙裡に裁判所に貸しを作ったのである。

禁固五年も軽かったが、さらに、その刑務所での生活もかなり待遇がよかった。手紙のやりとりも面会も自由だった。この優雅な獄中生活で、ヒトラーは『我が闘争』の口述を始めるのである。つまり、獄中にはヒトラーの協力者が一緒にいて、口述筆記をしていたのである。

▼失敗しても反省しない。釈明を自己宣伝の場にうまく変える
▼「沈黙」することで「貸し」を作る

あえて無能な者に留守を任せる

ヒトラーの獄中生活は逮捕から数えても一年ほどで終わった。一九二四年十二月には釈放されてしまうのだ。

その間、ドイツの中央政府は新通貨に切り替えることでハイパーインフレを脱した。そう決断させたのには、間接的にヒトラーの一揆が影響しているのかもしれない。さらにロンドンで

国際会議が開かれ、ドイツを救済することも決まり、アメリカから多額の資金が融通された。賠償金問題も解決しインフレも解決したので、ドイツ経済は快復していった。

ヒトラーの入獄中、ナチスの党運営はアルフレート・ローゼンベルク（一八九三〜一九四六）に任せられた。この人物は反ユダヤの論客として知られ、彼の代表作『二十世紀の神話』こそがナチス思想の基本となった。こんにちでは、まともな本とされていないが、ゲルマン民族の優位性を解説したこの本はミリオンセラーとなり、ドイツ民族主義、反ユダヤ思想のテキストとなった。

しかし本を書く能力と、政党の管理運営の能力とは別である。ローゼンベルクが指導者となると、党は大混乱に陥った。ヒトラーの人事は失敗したのだろうか。

ヒトラーにはローゼンベルクが知名度はあっても実務的には無能であることが最初から分かっていたようだ。ヒトラーはあえて無能な者に留守を任せたのである。自分の留守中に党が拡大してしまったら、その者に権力と権威が渡り、ヒトラーが出獄してきた時には乗っ取られているかもしれない。

ヒトラー自身が他人が作ったナチスを乗っ取った男である。それゆえに、党首という立場がいかに脆《もろ》いものかを知っていた。ヒトラーとしては、自分が出獄して鮮やかに再建するためにも、留守中の党は低迷し混乱していないと困るのである――と、そこまで考えていたのかどうかは確証はないが、そういう説がある。

いまならばインターネットもあり、たとえ海外にいても即時に連絡がつくが、ちょっと前までは企業トップが長期出張に出る場合、留守中の権限を誰に委ねるかは重要な課題であった。有能な者に留守を預ければ、乗っ取られる恐れもある。といって、あまりにも無能な者に任せて組織そのものが潰れてしまっては、元も子もない。

ナチスの場合、結果としてヒトラーが党の再建に成功したからいいようなものの、危険な賭けであった。

ヒトラーはローゼンベルクに全権を委ねると、彼との接触も避けるようになった。『我が闘争』の口述に集中していたのだ。

ヒトラーはナチスにおいても、後には国家全体においても「独裁者」なのだが、何から何まで自分で決めるタイプではなかった。大きな方向は決めるが、その後は部下に丸投げしてしまい、一切、口出ししない。自分の興味のあることにしか関心がなかった。部下の段階で決定しかねる問題があれば、いろいろな意見を出させた上で決断していた。その点においては、下の者からすると、「理想の上司」だったのかもしれない。だが、自分にとって邪魔になる者は容赦なく、粛清した。

▼留守中に組織を任せる人物は、自分より少し劣った者に
▼全体の統括者になったら得意な分野のみ自分で担当し実績を作る
▼部下に仕事は丸投げし、あれこれ指図しない「理想の上司」となる

有能な同志との緊張

ローゼンベルクが醜態を晒している一方で華々しい成果をあげたのが、グレゴール・シュトラッサーだった。前述のようにシュトラッサーは一九二〇年からの党員で、党内左派の論客だった。

一揆の失敗によってヒトラーが逮捕されただけでなく、ナチスは活動禁止に追い込まれていた。他の右翼勢力も武力革命路線から議会選挙に出て多数派を目指す運動へと転換した。こうして一揆の影の指導者でもあったルーデンドルフ将軍は、北部ドイツのプロテスタント系右翼政党であるドイツ民族自由党に入った。そしてこのドイツ民族自由党とナチスの一部とが合同して、選挙のための「国家社会主義自由運動」という組織が結成された。

ヒトラーはこの「国家社会主義自由運動」へナチスの代表としてローゼンベルクを参加させ

たが、ルーデンドルフ将軍がローゼンベルクを嫌っていたため、シュトラッサーがその代わりに代表として参加した。

この「国家社会主義自由運動」は一九二四年五月の国会の選挙に臨み、全四七二議席中、三二議席を獲得し、シュトラッサー、ルーデンドルフ、そして参加していたレームも国会議員となった。

自分よりも若いシュトラッサーが成果をあげ、しかも国会議員になったことにヒトラーは不快感を抱いたと伝えられている。これが後の粛清への伏線となる。

だが、その年の十二月にまたも国会の選挙になると、「国家社会主義自由運動」は一四議席を失った。景気がよくなったことなどで国民の不満も収まり、極右への支持が相対的に低くなっていた。

この選挙結果を見てバイエルン州政府は極右勢力への警戒心をゆるめ、ヒトラーは獄中での模範的な態度を理由に釈放されたのである。

実力者の利用法

釈放されたヒトラーにとっての最大の課題は党の再建である。しかし、それと同時に知性もあり行動力もあるシュトラッサーをどう処遇するかという問題もあった。シュトラッサーにこれ以上活躍されると、党内の支持が彼に集中してしまう。シュトラッサーは二度目の選挙では議席が半減したが、ヒトラーには選挙を戦った実績すらない。

ヒトラーは出獄すると、バイエルン州の首相を訪問し、もう暴力的な活動はやめるからナチスの活動禁止を解いてほしいと頼み、了承された。

こうして一九二五年二月二十七日、ミュンヘン一揆の舞台となったビアホールでナチ党の再建大会が開催された。ヒトラーは「私一人のみが運動を指導し、私が責任を取る。誰も私に条件を課すことはできない」と改めて自分一人にすべての権威があることを強調し、唯一絶対の指導者であることをアピールした。

久しぶりの演説だったせいもあり、ヒトラーは雄弁で乗りに乗ってしまった。自分で興奮してきたのだ。当然、聴いていた聴衆たちも盛り上がる。

あまりに名演説だったため、政府は危機感を抱き、ヒトラーに公衆の前での演説を二年にわたり禁止するとの命令を下した。やりすぎてしまったのだ。

ヒトラーが出獄して二カ月後の一九二五年二月、社会民主党のエーベルト大統領が急死した。ドイツ国の初代大統領である。この死を受けて、ワイマール憲法下での初めての大統領選挙が実施されることになった。

大統領選挙には八人が立候補し、そのひとりが、「国家社会主義自由運動」のルーデンドルフ将軍で、ナチスも支持した。シュトラッサーはこの選挙に熱心に取り組んだが、将軍は落選した。過半数を取った者がいなかったため決選投票となり、無所属のパウル・フォン・ヒンデンブルク、中央党のヴィルヘルム・マルクス、ドイツ共産党のエルンスト・テールマンの間で戦われ、元参謀総長でありドイツ軍の英雄であるヒンデンブルク元帥が当選した。

この選挙でルーデンドルフが惨敗したので、シュトラッサーは「国家社会主義自由運動」から離れ、ナチスの活動に専念することになった。同運動の主要メンバーの多くもルーデンドルフを見限って、ナチスに入ってきた。

ヒトラーはシュトラッサーにナチスが弱い北西ドイツでの党勢拡大を担当するように命じた。バイエルン州を中心とした南部はナチスの地盤である。ここでシュトラッサーが力をつけるのを恐れ、左遷したとも解釈できる。北西ドイツでシュトラッサーが党勢拡大に成功すれば、その果実はヒトラーがもらえばいい。うまくいかなくても、もともと北西ドイツではナチスは弱いのだから、失うものはない。シュトラッサーが失脚するだけだ。

有能なライバルをあえて困難な仕事に就かせたのである。ライバルが成功しても、失敗しても、ヒトラーが得をする図式だった。

シュトラッサーはどこまでヒトラーの意図を理解していたのかは分からないが、彼はよく働いた。本当に有能だったのだ。北西ドイツでナチスは勢力を伸ばした。その結果、ヒトラーが想定した以上に、党内でシュトラッサーは一大勢力を築いてしまった。
これにより、二人の関係は緊張していく。

▼有能な部下には困難な仕事をやらせ、手柄は自分のものに、失敗したら失脚させる

スローガンは左、中身は右

ヒトラーとシュトラッサーの対決は、表面上は政策をめぐっての対立だった。シュトラッサーにはナチスを自分の党にしようという野心はなかったと思われる。彼は純粋に自分の考える社会主義的政策の実現を目指していたようだ。

ここで、ナチスの持つ二面性が顕著になる。その正式党名は、「国家社会主義ドイツ労働者党」である。ナチスは極右だという先入観を捨て、単純にその名称を見れば、「国家」という言葉はあるものの「社会主義」「労働者」の党であり、左翼政党だと考えてもおかしくはない。

実際、ナチスの綱領にある政策のなかには、労働者階層のための社会主義的政策も含まれている。たとえば、「労働によらないすべての収入は没収されなければならない」「すべての大企業トラストは国有化されなければならない」「すべての大企業における利益配分」「老齢者に対

する十分な準備」などである。

シュトラッサーが党内で力をつけ、社会主義的政策を強く押し出してきても、ヒトラーはある程度は容認した。それが保守層・富裕層への威嚇となるからだ。

このあたりの心理作戦が絶妙である。

左翼的・社会主義的政策を掲げて大衆の支持を得ることで党勢を拡大する。これにより、保守勢力にナチスの力を誇示し、大企業の国有化などの社会主義的政策を避けたければ、党に寄付しろと暗黙裡に脅迫するという戦略なのである。寄付すれば政権を取った時に悪いようにはしないから、と一種の保険をかけるように求めているのだ。

似たようなことを言っている共産党が強くなるよりは、ナチスが強くなったほうが財界や富裕層には得だ。だから、共産党を強くさせないためにもナチスを支援しろと言うのである。ライバル企業と似た製品を出して、相手の売上を奪う戦略でもある。

ヒトラーは社会主義的政策になど興味がなく、どうでもいい。ただ、大衆受けすることは分かっていたので、自分では口にしないが、ライバルではあるシュトラッサーに言わせていた。シュトラッサーが言っている分には、ナチスのスポンサーである資本家から、「君の党は社会主義なのではないか」と文句を言われても、「あれはシュトラッサーが勝手に言っていることです」と言い逃れができる。

シュトラッサーは北西ドイツにおいて労働者階層に社会主義的政策を訴えることで党勢を拡大していった。ナチスの綱領に書いてある政策なのだから、反党的行為ではない。そのおかげで、いくつかの地域では党員数は二倍から三倍になった。

二人の関係が緊張感を孕《はら》むのは、一九二五年十一月から翌年二月にかけてである。

十一月に、北西ドイツの指導者会議がハノーヴァで開催された。この会議そのものが、ミュンヘンの党中央に対する、ひとつの挑戦であった。北西ドイツだけでひとつの組織としてまとまろうとしたのだ。会議にはヒトラー派からは幹部がひとり出席しただけだった。

会議では、革命時に没収された王室財産の返還問題が論じられた。社会民主党や共産党が没収したままでよいとの案を出していたので、それへの対応を協議したのだ。その結果、社民・共産に同調することになった。

この会議で、ひとつの人事異動があった。シュトラッサーの秘書が、ハインリヒ・ヒムラー（一九〇〇～四五）からヨーゼフ・ゲッベルス（一八九七～一九四五）へと交代したのだ。

ヒムラーこそが、後に親衛隊のトップとなり、さらに秘密警察ゲシュタポを指揮し、ホロコーストの舞台となる強制収容所を管轄する、ナチスの暗黒面の象徴となる男だ。ゲッベルスは後にヒトラー政権で啓蒙宣伝省を作りその大臣となる、広報・宣伝の天才である。ヒムラーは秘密警察と強制収容所というナチスの影の仕事を担い、ゲッベルスは国の内外に向けてナチスの素晴らしさを宣伝する光の部分を担うわけだが、この二人は最初は共にナチスが社会主義政党だと思って入り、活動していたのである。

▼組織内の反対勢力はすぐには潰さない。利用し尽くす

分裂の危機を逆手に

シュトラッサーはより社会主義的傾向の強い、新しい党綱領まで起草していた。

ヒトラーにとって、そんなことを決められては「商売」に差し障りが出る。金持ちの保守層が離反したら、大衆の支持はある程度は得たとしても党財政は危機に瀕する。

翌年二月、ヒトラーはバンベルクで全国指導者会議を招集した。北西ドイツがかなりの勢力を持つようになっていたとはいえ、ナチス全体では南ドイツのほうが数は多い。公衆の前ではなく、あくまで党内での会議なのでヒトラーの演説は可能だ。彼は得意の熱弁で北西ドイツ派の切り崩しに成功した。そして興奮のあまり、「マルクス主義を根こそぎ滅ぼすまで戦う」と反左翼であることを宣言した。

会議では党の唯一の「指導者」たるヒトラーの絶対性が確認された。さらにナチス発祥の地

であるミュンヘンの支部がナチス運動全体の中心であり、全党を指導するという体制も確立した。

自分への反対勢力をあえて野放しにして大きくさせ、このままでは組織が分裂するという寸前にまで持っていく。あえて分裂の危機を生じさせ、全党員に危機感と不安感を持たせたところで、「このままではいけない、いまこそ一致団結すべきだ」と呼びかけ、「そのためには私にすべてを任せてくれ」と言って、権力集中を認めさせるという、かなりの高等戦術である。

ヒトラーはこの大会で、各地区の指導者の任命権を完全に得た。さらに一九二〇年の党綱領を不可侵であり変更不可能なものだとして、今後も、綱領改正の動きが出ないようにした。党の組織と党の思想はヒトラーひとりが監督することになったのである。

その意味で、この一九二六年二月の会議こそが、ナチスが「ヒトラーの党」となった瞬間であった。

この二六年二月の指導者会議で、ヒトラーはシュトラッサー派の一員だったゲッベルスを知った。そして有能だと判断すると自分の味方にしてしまい、ベルリン地区の指導者に任命して、シュトラッサーから切り離した。

有能なライバルの周辺に有能な人材を置いておけば、その勢力がますます力をつけるからだ。

▼自分の地位を脅かしそうな者に、有能な部下はつけない

「無視」する戦術

党内左派のシュトラッサーを封じ込めるのと並行して、ヒトラーは、最右派で暴力路線を主張していたレームと決別した。

ミュンヘン一揆で武装部隊として活躍した突撃隊は、一揆失敗によってバイエルン州から活動禁止命令を出されてしまった。そこでレームは元兵士で戦闘的な者を集めて作っていた別組織の「戦線隊（フロントバン）」の傘下に突撃隊を置いた。こうして表向きは活動していないように見せかけて、突撃隊を温存した。突撃隊は建前上はナチスの一部であり、指導者であるヒトラーの下にあったが、もともとレームの個人的な武装組織という性格が強かった。

戦線隊はヒトラーが出獄した時には全国三万人の組織となっていた。ヒトラーはこれをナチスに糾合したい。こうしてレームとの緊張を孕んだ駆け引きが始まる。

ヒトラーは一八八九年生まれ、レームは一八八七年生まれなので、レームのほうが二歳上だ。ドイツ語は、英語のＩとＹｏｕにあたる人称代名詞に、日本語同様に「私・あなた」という他人行儀なものと、「俺・お前」にあたる親しい間でのものとがある。ヒトラーとレームは「俺・

お前」で話せる関係だった。

昭和の時代、日本の大企業は新卒で同時に入社する者が多く、中途採用、ヘッドハンティングは少なかったので、年齢と社歴、そして昇進はほぼ比例した。しかし、こんにちでは、「年下の上司」「年上の後輩」も珍しくない。ヒトラーとレームは、軍においてはレームのほうが圧倒的に上だった。レームは大尉で、ヒトラーは除隊時に伍長になっただけだ。ドイツ陸軍での階級は最上級が「将官」で上から大将・中将・少将、次が「佐官」で大佐・中佐・少佐、その次が「尉官」で上級大尉・大尉・中尉・少尉、レームはこの大尉である。その下が「上級下士官」で上級准尉・准尉・曹長・一等軍曹・二等軍曹となり、さらにその下が「下士官」で、三等軍曹がいて、その下にヒトラーが到達した伍長は位置する。九つも階級差がある。大尉と伍長は軍にいたのでは対等に会話ができる立場にはない。

しかし、ナチスに入れば、元大尉は元伍長に従わなければならない。しかも年齢もヒトラーのほうが下なのだ。年上で経歴も上の部下とどう接するかは難しい問題である。ヒトラーは、意識しないようにしていた。レームもそれを容認した。

ヒトラーとしては武装組織指導者としてレームほどの適任はいないと分かっている。しかし、その有能な男に武装組織の全権を委ねるわけにはいかない。レームが自分に絶対服従であればいいが、レームとしては自分のほうが、少なくとも武装組織を作り指導していく点では能力があると思っているし、それは誰の目にも明らかだ。

シュトラッサーとの関係以上にレームとの関係は難しい。

ヒトラーは戦線隊をベースにして突撃隊を組織し直して、ナチス内に置いて自分が支配権を握ろうとした。レームはこれに基本的には賛成した。しかしレームは、戦線隊を手放すつもりもない。ナチスに従属させるならば、その絶対的支配権は自分に欲しいとの覚書を書いてヒトラーに送った。もちろん居丈高な態度ではなく、これまでの友情を呼びかけこれからの忠誠を誓った上での手紙である。レームはヒトラーとの友情に賭けた。

ヒトラーにとっては、レームとの友情は変わらないとしても、党内に治外法権となる組織の存在は一切の例外なしに認められない。それがナチスの基本原理であり、ヒトラーの組織統治原則の根幹である。ヒトラーは、戦線隊は自分の権威のもとにナチスに帰属しなければならないと求めた。

ここでレームがヒトラーと直接会っていたら、二人の関係はどうなっていただろうか。レームも、そしてヒトラーも軍事の才能がある。つまり喧嘩の方法は知っている。会って言い合いとなり決裂したら、和解は不可能に近いことを本能的に察知していた。

友だちなのだから、会って腹を割って話せばなんとかなるというのは、喧嘩を知らない甘い考えである。

レームはヒトラーと論争しても無駄だとも分かっていた。そこで、ヒトラーが考え直してくれることを期待して、戦線隊の指導者の職を辞任すると伝えた。彼なりの戦術である。だがヒトラーはこの辞意表明に対して、慰留もしなければ受理したとも返事を出さなかった。無視したのである。

これが四月の末日だった。ヒトラーからの返事が来ないので、レームは再度、手紙を書いたが、またしても返事はない。ヒトラーとしては慰留するとなればレームに譲歩しなければならないし、受理すれば決裂が決定的となる。あえて、曖昧な状態にしておきたい。レームはヒトラーからの返事が何も来ないので、辞職と政界からの引退を自ら発表してナチスを去った。

こうしてレームの作り上げた戦線隊はヒトラーによって、新生・突撃隊として再結成されることになる。そして、ヒトラーがレームの再三の手紙を無視したことで、二人の友情は終わらずにすみ、数年後に再び手を結ぶのである。

いまは手を切りたい。しかし、関係は維持したい。そんな場合の方法としてヒトラーは「無視」を選び、とりあえず、それは成功する。

▼争いたくない相手と対立したら、無視して決着をつけず曖昧にする

条件闘争は無意味

ヒトラーのように妥協をしない性格の人物に条件闘争で臨んでも無駄である。かえって、すべてを失うことになる。

ヒトラーは自ら「戦線隊を寄こせ」とは言わない。

しかし軍というものが、国家なしに軍だけで存在することがありえないように、武装集団も政治団体なしには存在できない。武装集団はあくまで政党の一組織、せいぜい別働隊という位置づけだ。武装集団だけが独立して存在したら、単なる暴力集団となってしまう。

ナチスが武装集団を必要としている度合いよりも、レームの三万人の組織のほうが、ナチスの一部であることを必要としていた。もちろん、レームとその武装集団にはナチス以外の右翼政党と合流することも可能だが、レームにはそこまでの忠誠を誓える政党・政治家は他にはない。

レームは武装集団を持っていても、それを使う目的、大義名分を持たない。それを持っているのはヒトラーなのだ。ヒトラーはそれを見越した上で、強気に出たのである。

こうして五月にレームはナチスを去った。

そのすぐ後、ドイツ労働者党時代の党首だったドレクスラーもナチスを離党した。ドレクスラーはみすぼらしい時代のヒトラーを知っていた。彼がヒトラーをこの世界に招いたのだ。ドレクスそれなのに、ヒトラーはドレクスラーに何も恩義を感じている様子はない。

自分よりも前からいる古参社員は、窓際あるいは日陰に置くことで、自分から出て行ってもらうのがいちばんいい。ヒトラーはもちろん、なんら慰留しなかった。ドレクスラーは新しい党を作ろうとしたが、失敗した。戦争中の一九四二年に亡くなる。

レームが去った後、ナチスには突撃隊のなかにあった親衛隊（SS）が独立した。最初はヒトラー個人を護衛するための部隊だったが、一九二九年にヒムラーが長官となると、独立して肥大化していく。

▼いらなくなった古参の部下は、窓際に置いて自ら辞めるように仕組む

求めるポストは首相のみ

シュトラッサー派との党内抗争に勝利し、独裁体制を固めると、ヒトラーはシュトラッサーを全国宣伝担当にさらには全国組織担当に昇進させた。

北西ドイツを拠点としていたシュトラッサー派は、こうしてトップのシュトラッサーが北西ドイツから中央へ異動したことで派閥としても機能しなくなる。シュトラッサーの拠点はベル

リンになるが、ベルリンを地域として管轄するのはゲッベルスである。

組織図上、ゲッベルスの下にシュトラッサーがいるわけではないが、シュトラッサーにしてみれば、この前までの自分の秘書が地域の責任者となっているのを見せつけられることになった。

ナチスの党員は確実に増えていった。

一九二六年の末には約五万人に回復し、二七年末には七万二千人、二八年末には十万人を超えた。二八年五月の国会の選挙では、ナチスとして初めて臨み、八一万票を獲得して一二議席を得た。得票率ではまだ二・六パーセントだった。ドイツの国会は比例代表制である。この時に議員になったなかにはゲーリングやゲッベルスがいるが、ヒトラーは議員にはなっていない。

現在の日本では国会議員でなければ首相になれないが、ドイツでは首相以下の大臣は国会議員である必要はなかった。ヒトラーは一議員の座など最初から興味がない。彼自身が立候補した選挙は後の大統領選挙のみだった。その意味では、ヒトラーは選挙の洗礼を受けずに首相になった政治家である。

トップ以外に興味がなく、またトップ以外の座は求めない――これがヒトラーの出世観の根底にあるのだ。

一九二八年までドイツ経済は順調だった。ワイマール文化の全盛期でもある。

しかし、一九二九年十月にニューヨーク株式市場が大暴落し、いわゆる世界大恐慌が始まると、ドイツ経済も大打撃を受けた。

当時の内閣は一九二八年の選挙の結果、社会民主党と右翼のドイツ人民党、そしてカトリック中央党による連立内閣である。首相は社民党のヘルマン・ミュラーだった。右翼から社民までの大連立内閣だったので政権は安定していたのだが、この大恐慌で一気に不安定になる。ミュラー内閣は失業者の増大に対応するための失業保険政策を立てたのだが、ミュラーは自分の党である社民党の支持が得られず、一九三〇年三月、内閣は退陣に追い込まれた。

ヒンデンブルク大統領は帝政時代の軍人であり、保守のなかの保守だった。共和制になったので仕方なく社民党内閣を容認していたが、本音としては保守・右翼政権が望ましい。そもそも議会の存在がうっとうしい。

そこで、国家人民党と中央党との連立内閣を望んだが、国家人民党の党首フーゲンベルクが連立を拒否したので、軍のシュライヒャー将軍の推薦する、中央党のハインリヒ・ブリューニングを首相に任命した。

このブリューニング内閣は社民党とも連立しなかったので、最初から少数与党内閣で議会での支持が得られる構造になかった。そういう時のために、大統領大権としての「緊急令」がドイツの憲法には定められていた。ブリューニングは大統領緊急令を使って政権運営をしていく。

大統領緊急令の乱発に議会は当然、抵抗した。憲法では緊急令は国会で破棄できることにもなっていた。その議会に対して首相には解散権があった。かくして以後、ドイツは数カ月おきの国会選挙という事態になり、ヒトラー率いるナチスにとって、千載一遇のチャンスが到来するのである。

左派の切り捨て

この間にナチス内では、ひとつの大きな動きがあった。党内左派の論客であるグレゴール・シュトラッサーには、オットーという弟がいて、ベルリンを地盤にして新聞社を経営していた。オットー・シュトラッサーもナチス党員だが、彼の新聞は左派系の論陣を展開し、労働者階級にナチス支持を拡大するのに役立っていた。

しかしヒトラーはこの時点では、社会主義的政策との決別を決めていた。

政情が不安定になれば、左右双方の極端な主張が受け容れられやすい。これまでのナチスは社会民主党や中央党など、中道勢力を批判するために、共産党と共闘することさえ辞さなかった。敵の敵は味方と割り切ったのだ。

しかし、これからは最大の敵は共産党となる。となれば、共産党との徹底的な差別化が必要となると考えたのだ。

ヒトラーはベルリンへ向かい、オットーと面談した。そして、彼が持つ新聞社をナチスが買収すること、その引き換えにナチスの全国出版局長のポストを提示した。社会主義的な政策を引っ込めろということだ。

ヒトラーの「提案」は、提案であって提案ではなかった。拒否すれば、あらゆる手段を取って潰すと言うのだ。命令に等しい。

しかしオットーは抵抗した。本来のナチスの理念と指導者たるヒトラーとの間に齟齬《そご》が生じているではないかと反論した。たしかに、党の綱領には社会主義的政策も含まれている。だが、綱領の解釈権はヒトラーにしかないというのが、ヒトラーの立場である。

オットーもそうだが、兄のグレゴールにしても、なぜ社会主義者なのにナチスにいるのかというと、彼らは反ユダヤという点ではヒトラーと一致しているのである。民族政策、あるいは国家観も近い。経済政策においては産業国有化などを主張し、社会主義なのだ。

オットーはヒトラーの提案を拒否したので除名され、新聞に「社会主義者はナチスを去る」と宣言した。そして新党「黒色戦線」を結党したが支持が得られず、一九三三年にドイツを去る。

弟はナチスを去ったが、兄のグレゴール・シュトラッサーは党の組織担当者として留まった。

▼「敵の敵は味方」理論を駆使する

看板に偽りありもかまわない

ナチスの政策から社会主義色は払拭されていく。とはいえ、ヒトラーは党名変更など考えない。相変わらず国家社会主義ドイツ労働者党であった。

労働者階層の支持を得るために、社会主義の看板は捨てなかったのである。たとえ見かけだけだとしても、信用する人は信用する。それが看板というものだった。

こうして一九三〇年九月に国会の選挙となった。この選挙ではナチスと共産党とがまさに激突した。両党の運動員は路上や集会場でぶつかると乱闘を起こしたり、選挙期間中に双方で五十一人の死者が出ていた。

選挙の結果、ナチスは二年前の前回は八一万票だったが、一気に六四一万票と八倍の票を獲得し、一〇七議席を得て社会民主党に次ぐ第二党となった。得票率は十八・三パーセントである。共産党も票を伸ばし、七七議席を得た。

一方、ナチスに票を取られたのが右派の国家人民党で前回の七三議席から四一議席となった。首相を出している中央党は七八議席から八七議席と増やしたものの、単独では過半数にはるかに及ばない。

この選挙結果は、ヒンデンブルク大統領にとっても、ブリューニング首相にとっても、予想外であった。中央党と国家人民党だけでは過半数にはるか及ばず、社会民主党の協力を得るしかなかった。しかし社民党は連立を拒み、閣外協力に留まり、不安定な状態は続く。

この選挙後、ヒトラーはヒンデンブルク大統領と面談した。選挙結果で明らかになった自分への大衆の支持をアピールし、首相に指名するよう求めたのだ。しかし大統領は会っただけで、そんな話はまるで相手にしなかった。

ヒトラーは自分がばかにされたと感じた。実際、ばかにされたのだ。大地主貴族出身で軍の最高位にあったヒンデンブルク元帥にしてみれば、官吏の息子で伍長にしかなれなかった男など、会ってやるだけでもありがたいと思え、という存在でしかない。

それならば——ヒトラーの戦略は決まった。大統領選挙でこの老人に勝つか、国会議員選挙で第一党になればいいのだ。

ナチスの党員数は一九三〇年末には三十八万九千人と四十万人に迫ろうとしていた。そして翌年には倍の八十万人となっている。

▼内容と組織名とが合わなくなっても、定着していれば変更しない
▼強い相手と交渉してうまくいかない時は決裂を選び、大物のイメージを作る

大統領選挙で善戦

一九三二年は春にヒンデンブルク大統領の七年の任期が終わる年だった。大統領はすでに八十四歳と高齢で、さらに七年の任期が務められるとは思えなかった。実際、意識不明になったこともある。

国会議員選挙での躍進をバネに、ヒトラーが大統領の座を狙っているのは明白だった。いまのナチスの勢いでは当選しかねなかった。そこで、ブリューニング首相らは老いた大統領に再選出馬を求め、大統領も了承した。

大統領選挙は三月で、予想通り、ヒトラーは立候補した。他にドイツ共産党のエルンスト・テールマン、右翼の国家人民党・鉄兜団《てつかぶとだん》のテオドール・ディスターベルクも立候補した。

ヒトラーはもはや社会主義的政策はかなぐり捨て、労働組合批判と再軍備を訴え、富裕層、保守・右翼層からの支持を集めた。第一回投票では、ヒンデンブルクが一八六六万票、ヒトラーが一一三三万票、テールマンが四九八万票、ディスターベルクが二五五万票となり、誰も過

半数に達しなかった。

四月に二回目の投票となり、国家人民党のディスターベルクは当選の見込みがないとしてヒトラー支持を表明して立候補しなかった。その結果、ヒンデンブルクが一九三五万票、ヒトラーは一三四一万票、テールマンが三七〇万票となり、ヒンデンブルクの再選が決まった。

ヒンデンブルク大統領にしても、ブリューニング首相にしても、思想的には保守・右翼だから、共産党はもとより社会民主党よりもヒトラーに近いのだが、ヒトラーの躍進には危機感を抱いた。独裁を公言している男にドイツは任せられないという常識は持っていたのだ。共産党も困るが、ナチスも困った存在だった。

レームの復権

一方、選挙では躍進したものの、ナチスは、というよりもヒトラーはひとつの問題を抱えていた。突撃隊の統制が取れなくなっていたのだ。

突撃隊にはレームが復帰していた。

話は少し前に戻り、レームは一九二五年にナチスを離れた後、南米のボリビア政府に軍事顧問として雇われていた。レームが出た後に突撃隊最高指導者となっていたザロモン（一八八八～一九六八）は、組織拡充に成功したため増長し、一九三〇年の選挙での候補者名簿に突撃隊員を多く載せるようヒトラーに求めた。ヒトラーは自分に要求してくる者を好まないので、受け容れなかった。これに不満なザロモンは一九三〇年八月、選挙の直前に突撃隊最高指導者を辞任した。

ザロモンがいなくなると、地域によっては党指導部の命令を無視する部隊も出て、武力があるのをいいことに突撃隊が勝手なことをやり出したのだ。

この事態にヒトラーは自ら突撃隊最高指導者となったが、それは名ばかりだった。ヒトラーには他にも仕事があり、とても専念できない。突撃隊を掌握できるだけの胆力のある者はいないのか。

ヒトラーはレームを思い出した。すぐにボリビアにいるレームに連絡を取り、突撃隊幕僚長になってほしいと依頼した。レームは旧友から声がかかるのを待っていたかのように、快諾して、帰国した。十一月にナチスに再入党し、翌三一年一月に正式に突撃隊幕僚長となるや、ゆるんでいた突撃隊を立て直し、中央集権型に組織改編していった。

これがまた裏目に出る。突撃隊員は一九三一年末には十七万人に達した。武装集団ではあるのだが、ナチスが合法的に選挙による政権獲得を目指している以上、武力行使の機会はない。訓練はするが本番はないという状況に、隊員たちの不満が高まっていく。

不満は、街頭での暴力というかたちで噴出した。

▼手に負えない分野は無理しない。適任者に任せる

傀儡政権

突撃隊員の度重なる暴力沙汰に、ブリューニング首相とヴィルヘルム・グレーナー（一八六七〜一九三九）国防大臣兼内務大臣は、大統領選挙の直前に、ヒンデンブルクに頼み、突撃隊とその内部組織である親衛隊の禁止令を出してもらった。グレーナーは元軍人でヒンデンブルク大統領の部下だった。しかし右翼ではなかった。

当然、ナチスはこれに反発した。しかし、単に街頭で抗議行動をしたり演説したり、あるいは新聞やビラなどで訴える段階ではなかった。ナチスはいまや大政党であり国会に議席を持っている。ヒトラーとレームは、大統領の側近のひとりでブリューニングに影響力のあるシュライヒャー将軍と相談した。

将軍は、ブリューニングは自分が大統領に推薦したから首相になれたのに、自分の言うことをきかなくなっていると不満を抱いていたので、ナチスとの共闘に乗った。シュライヒャー将軍の圧力でまずグレーナーが辞任に追い込まれた。

さらに、ブリューニングが不況打開策として、東部ドイツの大地主貴族の所有する土地を政府が買い上げて、失業者を入植させる政策を発表していたため、大地主貴族出身のヒンデンブルク大統領が怒り、一九三二年五月三十日、ブリューニング内閣は退陣した。

後継の首相に、シュライヒャー将軍はヒンデンブルク大統領にフランツ・フォン・パーペン(一八七九～一九六九)を推薦した。首相になったパーペンはすぐに突撃隊と親衛隊の禁止令を解除した。

パーペンは実業家の子として生まれ、帝政時代には軍人となったが、共和制下の軍で働くことを拒否して、カトリック中央党に入って政治家となった。中央党員ではあったが、大統領選挙では自分の党の候補ではなく、ヒンデンブルクを支持するなど、保守・右翼に近い。政治家として目立った活躍、業績はなく、シュライヒャー将軍は自分の傀儡《かいらい》になる人物として首相に立てたのである。この結果、パーペンは所属していた中央党を除名され、政権は最初から不安定なものだった。シュライヒャーは国防大臣として入閣した。

パーペンはナチスと共闘しようとしたが、ヒトラーはしばらく様子を見ることにした。

▼実権のない傀儡とは提携しない

副首相ポストを蹴る

パーペンは首相になると、国会を解散した。自分を支持するはずの国家人民党などの右派勢力が議会で多数となることを期待したのだ。しかし結果はとんでもないことになった。

七月二十七日にはヒトラーはベルリンで十二万人の聴衆を前にして演説した。その勢いで、三十一日の選挙ではナチスが一三七五万票を取り二三〇議席の第一党となった。第二党は社会民主党の一三三議席、つづいてカトリック中央党が七五、共産党が八九、パーペン首相が期待した国家人民党は三七議席しか取れなかったのである。

ヒトラーとナチスにとっては念願の国会での第一党である。

次の内閣をどうするか。パーペンとシュライヒャーは、ナチスなしでは組閣ができないと判断し、ヒトラーを呼び、三者での会談が持たれた。この席でパーペンは、ヒトラーに副首相としての入閣を要請した。いままで国会議員になったこともなければ、大臣経験もなければ、州政府を含め、一切の行政経験がないヒトラーにとって、副首相でも十分すぎるポストだと思われた。しかし、ヒトラーは第一党党首の自分が首相になるべきだと考えていたので、この申し出を蹴って会談は決裂した。

三者による会談は八月十日から十二日まで、そして十三日にはヒンデンブルク大統領が乗り出し、ヒトラーに副首相としての入閣を提示した。しかしヒトラーは大統領に対しても首相以外の入閣を拒否し、さらに国会での首班指名を求めた。

ワイマール憲法では議会で多数を取った政党が首相を出して組閣するのが本来の姿で、大統領はそれを追認する。しかし、議会が多党化し多数を取れる政党がなくなったので、大統領直属内閣が続いていた。ヒトラーはそれを本来の形に戻そうと提案したのだ。国会議員による選挙ならば過半数は取れないかもしれないが、ヒトラーが一位になる可能性は高い。

しかし大統領はヒトラーの要求には応じなかった。

十七日にヒトラーは新聞のインタビューに「パーペン内閣には閣外協力もせず、対抗していく」と答えた。

ヒトラーは強気である。かつてナチスの党首になった時のように、全権を求め、それ以外の条件では妥協しない。

他の政党では、共産党はもちろん反パーペンだが、中央党もパーペン不支持を決めた。八月三十日の国会議長選挙ではナチスのゲーリングが中央党の支持も受けて、三六七票を取って当選した。首班指名をしていれば、ヒトラーが勝った可能性はこの結果からでもうかがえる。

翌九月一日には、ヒトラーはベルリンで二万人の聴衆を前にしてパーペン内閣を徹底的に攻撃した。国会の内外でパーペン内閣打倒への運動が展開されていく。

そして、十二日、共産党がパーペン内閣不信任決議案を提出、ナチスもこれに賛成し、五一二対四二で不信任案は可決された。必要な時には共産党とも手を結ぶのがヒトラーの戦術だ。ここでもまた敵の敵は味方となる。

パーペン内閣は議会を解散することができたが、議長のゲーリングが発言させなかったので、解散権を行使できず、解散は大統領令によってなされた。

かくして、またも選挙である。

この一九三二年は三月から四月に大統領選挙、七月に国会の選挙があり、九月の解散を受けて十一月にまたも選挙となる。

その十一月の選挙ではナチスは一歩後退してしまった。第一党の座は確保したものの、七月の選挙からは二〇〇万票減らし、一一七四万票で一九六名が当選した。得票率は三十三・一パーセントだった。二位は社会民主党で一二一議席、三位が共産党で一〇〇議席、そして中央党は七〇、国家人民党は五二議席だった。この時点で最も政策が近いはずの社会民主党と共産党とが組めば、二二一議席であり、ナチスを抜いている。

ナチスは決して圧倒的多数の国民の支持を得ていたわけではないのだ。むしろ、得票数、議席数でも、社会民主党と共産党が合わされば、ナチスを上回る。この二党の戦略観の欠如が間接的にヒトラー政権を生んだといえる。

▼チャンスが来たら妥協しない。全権を狙う

駆け引き――第一幕

選挙後の首相選びをめぐり、さまざまな駆け引きが展開された。

第一幕は、パーペンが主役である。

パーペン首相はまたもヒトラーに副首相での入閣を求めた。ヒトラーはまたも断った。「パーペンには会う意思もない」とまで言った。完全拒否である。他の党もパーペンからの協力要請を蹴り、完全に行き詰まったパーペンは内閣総辞職をした。これが十一月十七日のことである。

その翌日、ヒンデンブルク大統領は密かにヒトラーと会談し、「きみがパーペンと手を結べばドイツは大きく変わる」と共闘を呼びかけた。あくまでパーペンが首相ということなので、ヒトラーは回答を留保した。

さらにその翌日、ヒトラーはゲーリングと共に、またも大統領と会談した。大統領は、ヒトラーが国会で首班指名を受けたら、首相にしようと言った。前回は、ヒトラーが首班指名による議会多数党内閣を認めるように言ったが、大統領のほうが断った。今回は大統領のほうから

言ってきた。

ヒンデンブルクは、ヒトラーを自分の責任で首相にするのは避けたい。ヒトラーが独裁を公言している以上、そんな男には自分の責任では任せられない。議会で多数になったのなら、それを追認するという立場である。

七月選挙の後は、ナチスが議会多数党になる可能性が高かったので、ヒトラーは首班指名を求め、ヒンデンブルクはヒトラーを首相にしたくないので蹴った。十一月選挙の後は、ナチスは第一党ではあるが多数党にはなれそうもないので、ヒンデンブルクはどうせ無理だろうと思い、あえて言ってみたのだ。

ヒトラーはそれを見越して、その提案を蹴った。ここで大統領の話に乗ったはいいが、首班指名が受けられなければ、パーペン首相のもとでの連立に乗ることになってしまうかもしれない。

駆け引き——第二幕

十二月に入り、第二幕が始まる。主役は、シュライヒャー将軍だった。パーペン内閣の閣僚になっていたシュライヒャーは、ヒトラーの入閣は諦め、ナチスの分断工作に入る。

シュライヒャーが白羽の矢を立てたのは、ナチスにおいてヒトラーの最大のライバルであった左派のグレゴール・シュトラッサーだった。シュライヒャー将軍は右翼思想なのに、ナチス左派のシュトラッサーと組もうと考えるのだから、政治というものは理念でも思想でもなく、敵の敵は味方という法則で動きやすいことを物語っている。

十二月二日、大統領はシュライヒャー将軍を首相にし、組閣を命じた。この時点でパーペンはシュライヒャー将軍にもヒンデンブルク大統領にも見捨てられたことになる。将軍はすぐさまシュトラッサーと面談し、副首相就任を要請した。

これを受けて、ナチスは五日に党指導者会議を開催した。シュトラッサーは「シュライヒャー将軍との連立内閣に参加して政策の実現を優先させるべきだ、ただし副首相として入閣するのは自分ではなくヒトラーであるべきだ」と主張した。ここでさっさと副首相になったらナチスから除名され裏切り者となることくらい、シュトラッサーにも分かっていた。

しかしヒトラー、ゲーリング、ゲッベルスは、連立にもヒトラーの副首相にも反対した。さらには、シュトラッサーが将軍と密談したことを激しく弾劾した。かくして、シュトラッサーは失脚した。

七日になるとヒトラーはナチスの国会議員を集め、シュトラッサーを叛逆者として糾弾した。政権獲得目前になって、シュトラッサーは党を追放されることが確実となった。早く逃げ出さなければ命すら危ない。シュトラッサーは八日にヒトラーへの手紙を書き、その大衆扇動的な手法を嘆き、政策的に節操がないことを批判した。手紙を書くとその日のうちにシュトラッサーはイタリアへ向かった。

シュライヒャー将軍の内閣は、ナチスの参加を見ないままスタートした。

こうして第二幕が終わり、クリスマスから年末年始となる。

駆け引き――第三幕

一九三三年一月、第三幕の開幕となる。

シュライヒャー新首相に反感を抱いているのは、引きずり下ろされたパーペン前首相と、ナチスをひっかき回されたヒトラーである。一月一日に二人は密会し、シュライヒャー将軍を首相の座から引きずり下ろすことで一致した。敵の敵は味方である。密談の場所は銀行家シュレーダーの別荘で、同席したシュレーダーはナチスへの資金援助も約束した。銀行家をはじめとする資本家たちは、十一月の選挙での共産党の躍進に危機感を抱いていた。彼らが恐れるのは、社会民主党と共産党が連立する左翼内閣が誕生し、社会主義的政策を実施することだった。それを阻止できるのであれば、極右でも何でもいい。ここにもまた、敵の敵は味方の図式があった。

しかしこのヒトラーとパーペンとの密談は、すぐにシュライヒャー首相の知るところとなった。ここからシュライヒャーの巻き返しが始まる。彼としてみれば、パーペンを首相に引き立ててやったのに、自分を下ろそうという陰謀を企むとはなにごとだということになる。

シュライヒャーは反パーペンでナチスと共闘できるのではないかと考え、九日にヒトラーと会談した。何が話されたかは分かっていないが、入閣要請があったと思われる。しかしヒトラーは何も表明していない。

十八日にはヒトラーとパーペンが再び会い、ヒトラーは首相ポストを改めて求めた。二十二日にヒトラーはゲーリング、パーペン、そして大統領官房長官のマイスナーと大統領の息子のオスカー・ヒンデンブルクと会談した。ヒンデンブルク大統領は高齢であり、その政治判断のほとんどは息子のオスカーと、マイスナー官房長官が行なっていた。

オスカーは大のヒトラー嫌いでも知られていたが、いよいよこの男しか、ドイツで首相が務まる者がいないのであれば、仕方がないと思っていた。ヒトラーはオスカーに、ドイツを共産主義から救えるのは自分だけだと主張、さらに「二人だけで話したい」と言って別室に移ると、大統領の脱税をばらすぞと脅迫したとも伝えられる。

シュライヒャーは外堀まで埋められていた。それを知ってか知らずか、二十三日にシュライヒャーは大統領と会い、国会を解散するよう求めた。しかし、大統領はこれを拒否した。

一方、右翼の国家人民党党首のアルフレード・フーゲンベルク（一八六五〜一九五一）も暗躍していた。二十一日にフーゲンベルクはシュライヒャー首相と面談し、内閣改造を求めたが、これは拒否された。すると、二十七日にフーゲンベルクはヒトラーと会談し、ヒトラー内閣ができたなら入閣すると協力を申し出た。

こうした動きに、シュライヒャーはもはやこれまでと二十八日に内閣総辞職した。五十四日間の短命内閣で、これはワイマール共和制でのワースト記録となる。

こうなってしまうと、シュライヒャーとしては憎きパーペンが首相になることさえ阻止できるのなら、ヒトラー首相でもかまわない。側近をヒトラーのもとへ送り、パーペンを排除して一緒にやろうと申し出る。しかしヒトラーは何も答えなかった。

ここが勝負どころだった。ヒトラーには、誰もが自分を必要としていることが分かっていた。ナチスとヒトラーは、最大の売り手市場となっていた。だからこそ、ここで売り先、そして売り時を誤ってはいけない。あと一歩のところまで来ているのだ。

ヒトラーは誰とも首相就任後のことは約束しない。しばられるのは不本意だった。ここで条件を提示したりされたりするのは避けたい。焦るな。全権がころがり込むのを待て――そんな思いで数日を過ごしたはずだ。

▼敵の弱みを握って、時に脅迫
▼自分の売り時は焦らない

首相就任

一月二十九日になると、失意のシュライヒャーがクーデターを企んでいるとの噂がベルリンに流れた。しかし噂に終わり、なにごとも起きなかった。その噂の出所も真偽も分かっていない。

そして一月三十日午前十一時過ぎ、ついにヒンデンブルク大統領は不本意ではあったが、ヒトラーを首相に任命した。

ヒトラーはさっそく組閣に入り、パーペンは副首相となった。ナチスと国家人民党、中央党との連立内閣で、ナチスからはヒトラー以外ではゲーリングが無任所大臣、フリックが内務大臣として入閣しただけだった。大臣の数などどうでもよかった。

こうしてヒトラーは一日も大臣経験なしに、いきなり首相になった。

しかし、彼の上にはまだ大統領がいた。真のドイツの独裁者になるためには、まだ戦いは終わらない。そして、その先には世界のトップの座が見えてくるはずだった。

第三章 毛沢東

——大地の子

中華人民共和国の建国の父である毛沢東（一八九三〜一九七六）は、中国共産党の結党時からのメンバーのひとりである。しかし最初から党の中枢にいたわけではない。

中国共産党はソ連共産党の子会社、あるいはソ連共産党中国支社のようなかたちでスタートした。国民党と「合作」（合併）していた時期もある。親会社の要求・指導に左右され、時には企業合併で翻弄される――青年時代の毛沢東はそんな状況下にいた。

中国共産党内での抗争、国内での内戦を戦い抜き、毛沢東は世界最大の人口を擁する国のトップに立つ。その後は毛沢東の立てた政策の大失敗により国中が飢餓で苦しみ数千万人の餓死者を出すという惨事を招き、そうした失政をごまかすために、文化大革命を起こしてさらに国内を大混乱に陥れた。

「前半はいいが、後半は悪い」と総括されることの多い毛沢東だが、はたして本当に「前半はいい」といえるのか。強い相手とは真正面から戦わないゲリラ戦には長け、文才はあったのかスローガンを作るのはうまかった。しかし、組織の指導者、そして国家の最高権力者としての器だったのかどうかは、疑問視される。

毛沢東の基本戦略（以後●で示す）
●敵が強い間はじっとし、持久戦に持ち込む
●大失敗したら、組織をさらに混乱させた上で救世主として登場する
●感動的なスローガンを掲げて、人心を掌握する

父の愛情を知らない子

毛沢東は清朝末期の一八九三年に湖南省韶山《こなんしょうしょうざん》の富農に生まれた。つまりは地主である。毛家は二十代前までの家系図があったというから、それなりに由緒ある家柄で、祖先は朱元璋《しゅげんしょう》が明王朝を建国した時にその部隊の一員だった軍人と伝えられている。

父は商才のある人で地主となった。しかし粗暴な人で、妻や子に暴力をふるうのは日常茶飯

事のDV男だったという。母は優しい人だったということだが二人の兄は夭逝したので、実質的には長男として育てられ、弟が二人いた。この弟たちも革命運動に加わる。毛沢東は幼少期から本好きで、世界の英雄の伝記を好んだという。

そして早くも十四歳で羅一秀《らいつしゆう》という年長の女性と最初の結婚をする。これは父に強制された結婚で、妻は三年後に病死した。毛沢東はこの後に三回結婚するが、この最初の結婚は自分の意思ではなかったとして、結婚歴として認めていないが、これも入れると、結婚は四回となる。だが関係を持った女性の数は、数えきれないほど多いらしい。

毛沢東が十六歳の時、湖南省の省都である長沙《ちょうさ》で貧しい農民が暴動を起こし、毛家も襲われて米が奪われる事件があった。しかし、彼は自分の家が襲われたことに怒りを感じるのではなく、むしろ、農民のほうに同情したということになっている。このあたりは、後に作られた伝説かもしれない。

中学生の毛沢東は一九一一年に辛亥革命が起きると、革命軍に志願した。この辛亥革命によって中国の清王朝が倒れ中華民国が建国された。革命のリーダーは孫文《そんぶん》で、民族主義、民権主義、民生主義の「三民主義」を主張した。孫文は臨時大総統となったが、皇帝を退位させることを条件に、軍の大物（軍閥という）の袁世凱《えんせいがい》に大総統の座を譲った。

一九一三年、この年で二十歳になる毛沢東は、革命軍を辞めて長沙にある湖南省立第一師範学校に入り直した。この学校で恩師となるのが楊昌済《ようしょうさい》だった。英国留学の経験がある開明的な知識人だった。

毛沢東の師範学校時代は第一次世界大戦の時期と重なる。袁世凱は一九一六年六月に亡くなり、黎元洪《れいげんこう》が大総統となった。一九一七年十一月にはロシア革命が起きる。

師範学校の最終学年となる一九一八年、毛沢東は母を、そして父を相次いで亡くした。しかし遺産があったので学業を続けるのには困らない。むしろ抑圧的な父の死は毛沢東には喜ばしい出来事だった。この本の三人の独裁者に共通するのは、父と仲が悪いというか憎んでいたという点だ。父の愛情とは無縁に育ったことが、彼らの人格形成にどう影響しているのだろうか。心理学者には興味深いテーマではなかろうか。

最初の妻

一九一八年の夏、恩師である楊は北京大学の教授になることが決まった。そこで、毛沢東に「北京へ行き勉強しないか」と誘った。

こうして一九一八年九月、毛沢東は北京大学の図書館で司書補として勤務することになった。いまでいうアルバイトである。大学生になったわけではなかったが、数カ月だけ、聴講生として講義を受けることができた。この時に共産主義理論と出会った。

一年後の一九一九年に長沙に戻り、初等中学校の歴史教師となった。遺産のおかげで生活には困らず、出版社を設立し啓蒙事業として理論誌「湘江評論」を創刊したこともある。一九二〇年には長沙師範学校付属小学校の校長になっていた。

この間の一九一九年十二月に、毛沢東は再び北京へ行った。湖南省の軍閥追放団を率いての上京だったというが、この北京滞在時には楊教授の家に居候し、その時に楊の娘、楊開慧《ようかいけい》と親しくなった。年が明けると楊教授は亡くなってしまい、娘は長沙に帰り、女子中学に入った。父・楊昌済の親友が援助してくれたのだという。そしてこの年の冬、毛沢東はこの「恩師の娘」と結婚する。楊開慧こそが毛自身が認める「最初の妻」である。

本書では「出世」という観点で権力者の生涯を記しているので、ヒトラーとスターリンについては女性関係を含めた私生活にはほとんど触れていない。ヒトラーは戦争中の怪我で生殖機能を失ったとの噂があったくらい、女性の話の少ない人だ。自殺する直前にエヴァ・ブラウンと結婚するが、それが唯一の結婚である。しかもエヴァとはほとんど一緒には暮らしていない。スターリンは正式な結婚は二度だが、愛人はたくさんいたようで、酒池肉林の世界を楽しんでいたともいうから、「英雄色を好む」があてはまる。だが、最も性欲が強く乱倫を極めたのが毛沢東である。

さらに毛沢東の場合、「出世」「権力闘争」にも妻が絡むので、私生活も最低限のことは記していく。

毛沢東の最初の結婚とは、「中国の知識階層で著名だった人物の娘との結婚」である。「逆玉の輿《こし》」とまでは言わないし、恋愛感情も疑うわけではないが、無名の青年が社会主義運動で頭角を現すのに、「楊昌済の娘の夫」という肩書というかポジションは、後ろ盾のひとつにはなった。

一説には、毛沢東が北京大学の図書館で働いていた時、楊教授の教え子の別の女性と恋愛関係に陥り、一緒に暮らしていたともいう。もっとも、そう証言した者は「楊教授が娘を結婚させたがっていたのは毛沢東ではなく自分だった」とも言っており、失恋した腹いせに流している噂かもしれない。

こういう噂が流れることとは、「毛の奴は、うまいことやりやがった」と思っている者がそれなりの数いたことを間接的に示している。

●若い時の結婚相手は、それなりの社会的地位の娘を狙う

中国共産党結党

ロシア革命に成功したボリシェヴィキは続いて世界各国でも革命が起きるだろうという楽観的な見通しのもと、一九一九年に「共産主義インターナショナル」（通称・コミンテルン）という組織を作った。国際的な共産主義運動組織としては三番目のものなので、「第三インターナショナル」ともいう。このコミンテルンの指導のもと、一九二一年七月、中国各地の共産主義運動が統合されるかたちで、上海のフランス租界で中国共産党第一次全国代表大会が開催され、毛沢東もそのメンバーのひとりとして出席した。この時点で毛沢東はすでに長沙では八つの労働組合を組織し書記になっていた。書記とは専従の活動家という程度の意味だ。毛沢東はこの年、二十八歳になるが、一人前の活動家だったのである。

この時に集まった党員数については、五十七人説から十二人しかいなかったというものまで諸説あるが、党員数は六十人くらいで、党大会に参加したのが十二人ということらしい。

毛沢東が十二人のうちの一人だったのは確かなようだ。しかし中枢メンバーではなく、雑用係だったともいう。党の中枢は、大学を出てフランスやモスクワに留学していたインテリたちが占めていた。

コミンテルンとソ連共産党とは形式上は別組織だが、実質的には同じといっていい。中国共産党は資金面でもほとんどをコミンテルンからの援助に頼っており、また党の指導部もコミンテルンの言いなりだった。ソ連共産党の子会社、あるいは中国支社のようなかたちで、この党の歴史は始まった。それは、中国だけでなく、日本共産党も同じである。

当初、レーニンやトロツキーはマルクスの理論に従い、高度に工業化・資本主義化されたドイツをはじめとしたヨーロッパ諸国でこそ、社会主義革命は起きると考えていた。しかし、それがどうも難しいとなると、そもそもロシアも工業化されていない農業国だったのに革命が成功したので、後進地域であるアジアでの革命を先に起こせばいいと考えるようになる。そのため、中国や日本でも共産党が作られたのだ。

中国は辛亥革命で中華民国が成立したものの、「三国志」の時代のように、軍閥という軍の実力者が各地におり、その地域を暴力で支配していた。民主化にはほど遠い状況だ。

孫文《そんぶん》の立てた政権は南京に首都を置いていたが、大総統となった袁世凱《えんせいがい》は自分の地盤である北京へ首都を移した。これを北京政府という。そして袁世凱は一九一五年には皇帝になると宣言するが翌年に亡くなり、段祺瑞《だんきずい》が後継者になる。

この北京政府に対抗すべく、孫文は西南の軍閥の力を利用して一九一七年に広東政府を樹立した。孫文としては、毒をもって毒を制すというか、軍閥の力を借りざるをえない。

だが、広東政府は内紛が起きて孫文は追放され、一時は日本に亡命したほどだった。しかし復権する。

第一次世界大戦を終結させる一九一九年のパリ講和会議では、敗戦国ドイツが持っていた山東省の権益が日本に譲渡された。これで中国全土に反日感情が高まり、「五・四運動」が起きる。この反日愛国運動は共産主義運動と結びつく。孫文も革命を成功させたロシア共産党に影響され、自分の党である国民党にロシア共産党から顧問を迎え入れたほどだった。

現在、中国は共産党一党独裁の中華人民共和国と、長く国民党が一党独裁だった台湾とに分かれている。この両党は憎み合っていたが、実は共にソ連共産党の指導下にあった、兄弟党ともいえた。コミンテルンとしては、中国での反日・民族運動は国民党にやらせ、社会主義運動は共産党にやらせ、どっちにしても親ソ政権ができることが望ましかったのだ。

だが国民党のなかには蔣介石《しょうかいせき》のように反共思想の者もいた。蔣介石としては、共産党とは組みたくないのだが、北京政府や日本という共通の敵がある間は、組まざるをえない。

農村か都市か

一九二三年五月の中国共産党大会で、国民党と合併して北京政府と戦うことが決まった。これを第一次国共合作という。この時点では政党としての歴史と規模において国民党のほうが上なので対等合併ではなく、国民党が共産党を吸収合併するかたちとなった。両党ともソ連共産党（コミンテルン）と密接な関係にあるので、これはソ連の意向、指導によるものだった。

一九二四年一月の国民党大会で正式に始まった国共合作は、共産党員がその身分のまま国民党に入るというかたちが取られた。吸収合併ではあるのだが、共産党がなくなったわけではない。二重党員になるのだ。しかし、国民党の党員は共産党員になるわけではない。

毛沢東は、上海で共産党中央委員会の仕事と国民党中央執行委員会の仕事を兼務していた。両党は、共闘するが組織として一体となっているわけではない。さらに毛沢東は労働運動や農民運動の中核も組織した。

孫文が一九二五年三月に亡くなると、汪兆銘《おうちょうめい》が国民政府常務委員会主席・軍事委員会主席を兼任し、この政府には中国共産党メンバーも参加した。だが、一九二六年に国民党内で抗争が起き、蔣介石が実権を握った。

同年七月、蔣介石は北方の軍閥を倒そうと挙兵した。これを北伐という。軍閥は庶民からは好かれていなかったので、蔣介石の北伐は解放軍として歓迎された。これは、国民党軍の一部となって共闘した共産党の力も大きい。十一月にはついに国民党による政府が武漢で樹立された。この武漢政府は汪兆銘が巻き返して共産党と組んで実権を握った。

蔣介石は、このままでは国民党が共産党に乗っ取られるという危機感を抱いた。国共合作によって、軍閥という共通の敵を倒したので、共産党の協力は必要がなくなったともいえるし、共産党をこのままにしておいたら新たな脅威となる。蔣介石はいまのうちなら共産党を潰せると考えた。

一方、共産党内では路線対立が起きていた。毛沢東は農民出身でもあることから、農民がどんなに不満を抱き、苦しい生活をしているかを肌で感じていた。したがって農民の支持を得て、農民を組織して革命を起こすべきだと考えていた。だが、党中央はソ連の影響下、というよりも言いなりだったので、ロシア革命が都市労働者と兵士の蜂起によって起きたことから、中国革命も同じように、都市の労働者を中心にして起きるという考え方を持っていた。

ソ連の指導部は中国の実態などほとんど知らない。たまたまロシアでは成功しただけなのに、同じ方法でやれば中国でも成功すると考えていただけに過ぎない。だが、都市で労働者が蜂起するという戦略は、都市労働者がたくさんいるドイツで失敗している。なぜ中国では成功すると言えるのか。誰も真剣には考えていないのだ。それなのに、中国共産党の指導部は完全にソ連共産党の言いなりだった。

毛沢東の「農村から革命を」という理論は、ソ連から派遣されている顧問のボロディンから、農民を過大評価するな、国民党の支持層には地主もいるので刺激しては得策ではないなどと、批判された。

一九二七年三月二十二日、蒋介石の真意も知らずに共産党は上海で武装蜂起した。これは蒋介石の北伐軍に呼応するもので、この蜂起によって上海から軍閥は追放された。

この時、共産党軍を指揮したのが、周恩来《しゅうおんらい》だった。この後に毛沢東と知り合い、生涯にわたりその右腕となる同志だ。スターリンもヒトラーも自分に次ぐナンバーツーは持たなかった。とくにスターリンはナンバーツーになりそうな者がいたら粛清していったが、毛沢東はそうではなかった。

周恩来《しゅうおんらい》（一八九八〜一九七六）は官僚の家に生まれ、日本、フランス、イギリスなどで学んだエリートでインテリである。毛沢東の五歳下になる。パリにいた時に中国共産党のフランス支部組織を作った。一九二四年に帰国し、その時点では国共合作が成立していたので、蔣介石が校長を務める国民党の幹部候補生のための黄埔《こうほ》軍官学校の教官となった。

上海を周恩来率いる軍が解放し、市民政府を樹立すると、蔣介石率いる国民党の北伐軍が上海に入場した。ところが、四月十二日、蔣介石は共産党を裏切り、共産党系の組織労働者たち三百人あまりを虐殺した。これを上海クーデターという。周恩来は捕らえられ、死刑になる寸前に、脱出して助かった。

●エリートを自分の右腕にする

国共合作から、左派路線への転換

蔣介石による共産党への弾圧・虐殺は上海だけではなかった。南京でも、そして広東でも、毛沢東の故郷である湖南省でも同じことがなされた。

この時の中国共産党のトップは陳独秀《ちんどくしゅう》（一八七九〜一九四二）だった。結党時からの中枢メンバーで初代総書記である。日本への留学経験があり北京大学の文科学長でもあったインテリだが、コミンテルンの言いなりだった。

結党以来の危機にあたりコミンテルンが出した方針は、国民党内で蔣介石と対立している武漢政府の汪兆銘との同盟である。しかし、汪兆銘ももともとは反共なので、共産党を裏切り、武漢から追放した。ここに国共合作は完全に崩壊した。

共産党にとっての最初の最大の危機が、毛沢東に党内で頭角を現すチャンスを与えたのだ。平穏時は、エリートたちが年功序列で出世していく。動乱時こそが、非エリートがその才覚と運とで出世する機会となる。

コミンテルン、つまりはソ連——すなわちスターリンは、この責任をすべて中国共産党総書記の陳独秀になすりつけた。陳としてはコミンテルンの指導に従ったのに、失敗したら責任を取らされたことになる。いまの企業でも、社長の言う通りにした部下が失敗したら、その責任を取らされる例はあるだろう。

陳は党内で発言力を失い、その代わりに台頭してきたのが若い世代——瞿秋白《くしゅうはく》（一八九九〜

一九三五）と、李立三《りりつさん》（一八九九〜一九六七）、そして周恩来の三人だった。瞿秋白は官僚の家に生まれモスクワに留学したエリートだ。性格的にはひとがよく、陳同様にソ連の言いなりになったので後に失脚する。李立三はフランス留学の経験があった。三人とも外国を知っているエリートだ。共産党はまだエリートたちの机上の論理が優先される組織だった。

武漢を追われた共産党のメンバーは南下して、武漢と南京との中間にある湖南省の省都である南昌に集まった。新しい党中央は、ここで反撃のために武装蜂起するように命じ、周恩来が蜂起の参謀役として派遣された。しかし周恩来には軍事経験は何もない。蔣介石の軍官学校の教官だったので、少しはましだろうという程度の人事だった。

この南昌蜂起は七月三十一日の夜に始まり、一夜にして共産党の部隊は南昌を占領した。しかし、後が続かず、五日で撤退せざるをえなくなる。蜂起軍は広東方面へ向かうが、国民党軍が待ち伏せしており、壊滅した。周恩来はどうにか助かった。この人は逃げ足が早い。

失敗したのだが、この時の蜂起軍のなかに、後の毛沢東政権の幹部たちが多くいたこともあり、この八月一日は中国共産党の紅軍（人民解放軍）の成立記念日とされる。

南昌蜂起が失敗して大混乱のなか、八月七日、共産党は緊急の中央委員会を開き、陳を総書記から罷免した。その時、罷免に積極的に賛成したのが、毛沢東だった。当初、毛沢東は陳を尊敬しており、党が国共合作を決めた時にも賛成していたが、失敗したと判断すると、見限ったのである。

この割り切りが、毛沢東の出世の第一歩となるが、まだそう簡単にはいかない。

陳失脚が決まると、後任の総書記には瞿秋白《くしゅうはく》が就いた。中央委員会では国民党との絶縁も確認された。そして、反撃に出るために秋の収穫の時期に農村地域で武装蜂起をすることが決められ、それを「秋収蜂起」と呼んだ。

これまでの国民党との合作をベースにした右派路線から、武闘派の左派路線への転換である。毛沢東はこの蜂起において、湖南省での蜂起を担当することになった。

●動乱期こそ学歴がない者が出世する時
●尊敬する人物でも、無能と分かったら見限りは素早く

命令無視

九月八日、毛沢東は湖南で武装蜂起した。鉄道や鉱山の労働者、農民の義勇兵らを組織したのだ。だが、失敗した。長沙を包囲する計画だったのだが、そこに到着する前に、国民党軍が大地主の私兵と連帯して襲ってきたので、壊滅したのだ。

それでも上海の党中央は、事情がよく分からないので、当初の方針通り長沙へ進撃せよと命令してきた。

だが、毛沢東はこの命令を無視すると決めた。

これが毛沢東の革命家人生における最大の決断であった。

「事件は現場で起きている」という刑事ドラマのセリフがあったが、武装蜂起も現場で起きているのだ。ましてや当時はいまのような電気通信技術はない。戦況が党本部に伝令され、そこで協議されて指令が戻ってくるまで数日もかかる。その間に情勢は変わっている。

毛沢東はなぜ自分たちの蜂起が失敗したかも考えた。武器が足りないとか兵士の数の問題もあるが、農民の支持を得られないからだと結論を出した。革命のためには、戦いながら農民の支持を得て、味方にし、一緒に戦ってもらえるようにしていかなければならないのではないか。農民の支持を得るには、我々が正義の戦いをしているのだと知ってもらう必要もある。

都市で少数の職業革命家が労働者を組織して決起するロシア革命型ではない、中国ならではの革命戦略があるはずだ。

毛沢東は党中央が計画した武装蜂起が壊滅的失敗になったなか、留学帰りのエリートの言いなりにはならないと決めた。そして、山に立て籠り、自分の部隊を率いてのゲリラ戦を展開し、農民を少しずつ味方にし、そうやって自分たちの「根拠地」を作り、それを拡大していく革命戦略を立てたのである。

その最初の根拠地を毛沢東は、湖南省と江西省の境にまたがる、周囲二百七十五キロ、高さ千五百メートルの山々がそびえる井崗山《せいこうざん》とし、そこを目指して少数の部隊が出発した。国民党軍に見つかっては、壊滅するおそれがあったので、まさにゲリラ的に移動した。

この時、毛沢東が指揮した部隊には、三つの大原則があった。行動は指揮に従う、労働者や農民のものを奪わない、敵から奪ったものは独り占めせずにみんなのものにする――である。

この規律によってゲリラ戦を行ったので、毛沢東の軍隊は農民の支持を得ることができ、まさに人民解放軍として喜ばれた。

こうして一カ月ほどして、十月に毛沢東の一軍は井崗山に到達した。

●自分を支援してくれる人々とのつながりを作る
●現場を知らない中枢からの命令は無視

妻たち

毛沢東の最初の妻、楊開慧《ようかいけい》は結婚後は私生活でのパートナーとしてだけでなく毛沢東の革命の同志ともなり、共に戦っていた。二人の男子も生まれている。しかし、この井崗山《せいこうざん》での本拠地作りには彼女は参加せず、長沙で共産党の地下活動に従事していた。

しかし女なしでは生きていけない毛沢東は、井崗山に立て籠もっている間に賀子珍《がしちん》（一九〇九～八四）という若い女と暮らすようになり、二八年には妻としてしまう。この時点ではまだ楊開慧は地下活動をしていた。毛沢東はこの年、三十五歳、賀は十九歳でしかない。恋愛は自由だが、革命も共産党も大変な時期で、妻は地下活動をしているにもかかわらず、毛沢東は別の女と暮らすのだ。

この時期の毛沢東には、中国の著名知識人であった「楊昌済《ようしょうさい》の娘の夫」という地位はもはや不要だった。一緒に暮らしているわけでもない名ばかりの夫婦でもあり、妻への義理立てよりも、性欲を満たすほうを優先させている。

楊開慧は地下活動を続けていたが、一九三〇年十月に国民党の軍に捕らえられ、毛沢東との離婚と非難声明を出せば助けてやるとの取引を持ちかけられたが、これを拒絶し、銃殺された。三十歳だった。その訃報を受けて毛沢東は嘆いたという。その本心は分からない。

そして後に、賀子珍という妻がありながらも、毛沢東は女優の江青《こうせい》と知り合うと不倫に落ち、妻を捨てて結婚する。彼女こそが二十世紀最大の悪妻とされる人物で、「毛沢東の妻」の座を利用して中国政治を大混乱に陥れる女性だ。

毛沢東は出世のために女を踏み台にしているわけではないが、彼の女性関係は、中国史に大きな影響を与える。江青との結婚には周囲が猛反対したが、女のことになると、毛沢東は暴走する。「英雄色を好む」の典型例である。

これが出世レースと権力維持闘争においてマイナスに響かなかったのは、自分が色を好むことをあまりにも堂々と周囲に公言し、女性関係を隠さなかったからだ。むしろ側近たちのほうが世間体を気にして、毛沢東の乱脈な女性関係を隠してくれるようになるのだ。

●女好きならば、派手な女遊びを隠さず、堂々と

ささやかな社会主義

さて、一九二七年秋の蜂起で失敗し、中国共産党中央の「長沙で蜂起しろ」との指令を無視して井崗山へ立て籠もった毛沢東は、同年十一月の党中央委員会総会で政治局員を解任された。モスクワのコミンテルンは情勢分析がまったくできず、武装蜂起して、地主の土地を没収し、地主を殺せという方針を押し付けてくるばかりだった。

毛沢東はその方針も無視し、農村で実績を積んで支持を固めてから、都市を包囲するという

革命戦略——「農村が都市を包囲する」を打ち立てた。

コミンテルン指令に基づく武装蜂起が完全に失敗に終わると、一九二八年夏、中国共産党の大会がモスクワで開催された。子会社の業績があまりにもふがいないので、本社のお偉方が、子会社の役員全員を呼びつけたようなかたちとなった。

中国共産党としてはコミンテルンの——つまりはスターリンの方針通りにやって失敗したのだが、ソ連としては、スターリンに過ちがあるはずがないので、実行できなかった中国共産党がすべて悪いことになる。総書記の瞿秋白は徹底的に批判され、当然のごとく失脚した。

後任の総書記には向忠発《こうちゅうはつ》（一八八〇～一九三一）が選ばれた。しかし向は元船頭で文字もろくに読めない人物で、コミンテルンの言いなりになるしかない。さらに中国共産党内で真の実力者となったのは、政治局員で宣伝部長となった李立三《りりつさん》だった。武装蜂起に失敗した周恩来も軍事部長と組織部長を兼任した。周恩来は後に毛沢東に次ぐナンバーツーの座を不動のものとするが、この時も実質的な権力は李立三に譲り、ナンバーツーの座を確保した。激動の時代を生き抜く、ひとつの知恵であった。

周恩来は大会後も中国へは帰らずモスクワに残り、軍事面で再教育を受けることになった。

毛沢東は山間部に立て籠もりゲリラ戦を展開していた。朱徳《しゅとく》（一八八六～一九七六）、林彪《りんぴょう》（一九〇七～七一）といった後の中華人民共和国の政権の中枢となるメンバーが井崗山の毛沢東と合流した。

毛沢東の戦術は「敵をわざと味方の農村部に誘い入れて、囲い込んで殲滅《せんめつ》する」というものだった。国民党政府軍はこの戦術に苦しめられた。党中央では失脚したかたちになったが、毛沢東は湖南省・江西省境界付近に農民と労働者からなる評議会（ソヴィエト）政権を樹立していく。

毛沢東の労農ソヴィエト政権下に置かれると、地主、富農の土地は没収され、政府のものとなる。そして、土地を持たない農民に分配された。ようするに社会主義化が実現していったのだ。とはいえ中国全土のなかではごくごくわずかの面積でしかない。

またも都市蜂起に失敗

中国共産党が混乱していた一九二八年六月四日、日本の関東軍による謀略とされる張作霖《ちょうさくりん》爆死事件が起き、日本の満州への侵略が本格的に始まった。

満州を日本に取られると、ソ連はシベリアの背後に脅威を抱くことになり、国防上の危機となる。ソ連は中国政策を根本から立て直す必要に迫られた。

毛沢東の労農ソヴィエト政権は、朱徳《しゅとく》や林彪《りんぴょう》の活躍もあって、着実に勢力圏を広げていった。その間も国民党軍との度重なる戦闘があった。せっかくソヴィエト政権が奪い取った農地が、国民党軍に奪い取られることもあった。

一九二九年一月、毛沢東は井崗山を放棄した。そして次の根拠地を求める戦いが始まる。共産党は劣勢に晒されていたのだ。放浪のような行軍が一年以上も続いた。

一九三〇年六月、中国共産党政治局は李立三の計画する大都市攻撃計画を決議した。毛沢東や朱徳の活躍で各地に労農ソヴィエトが樹立されたのは事実だった。しかし、それを中国共産党はモスクワのコミンテルンに褒めてもらいたくて過大報告した。それを鵜呑みにしたモスクワは、農村でそんなに共産党の指導下に置かれた労農ソヴィエトがあるのなら、いまこそ武装蜂起して都市を襲撃して革命をやれとの指令を出すのだ。「農民闘争を都市暴動へ」という方針である。

モスクワは、とにかく都市で暴動が起きれば革命が起きるとずっと信じている。中国共産党幹部もそれを信じるしかなく、自分が無能だと思われたくないので、実績があるかのような報告をする。誤った方針なのにそれに逆らえないので、間違った報告をする。そのため間違った情勢分析となり、それに基づいた指令は当然現状とは一致しない、実現不可能なものとなる

──業績不振の大企業にありそうな話だ。

親会社も子会社の幹部も保身に走り、責任を取ろうとしないので、ずるずると事態は悪化する。最も苦労するのは現場である。

毛沢東こそ、その現場の最前線の指揮官だ。命令には従うしかない。しかし、どこで見切りをつけるかも大事だ。全滅しては元も子もない。

ともあれ、命令を受け、毛沢東と朱徳が率いる紅軍は、七月下旬に長沙と南昌への総攻撃に出た。

毛沢東の軍はいったんは長沙を占領したが、十日で奪い返され、それでもまた九月に総攻撃をかけた国民党軍の防戦に敵わず、死傷者が増えるだけだった。

そしてこの長沙の戦いの最中に、毛沢東の最初の妻、楊開慧《ようかいけい》が国民党軍に捕らえられ、銃殺されたのである。

都市総攻撃作戦は失敗に終わった。これを受けてコミンテルンは指揮した李立三《りりつさん》に責任をなすりつけようとして、向忠発《こうちゆうはつ》に李立三を追放するよう命じる。しかし、いままでコミンテルンの傀儡だった向も、いくらなんでも理不尽だと思ったのか、いずれ自分も追放されると察したのか、李立三と組んで追放に抵抗した。子会社の社長としての意地を見せたのだが、抵抗もそこまでだった。

コミンテルンはモスクワに留学していた若い幹部候補生たちを急遽、上海に派遣し、拡大中央委員会を強引に開催させて、向《こう》と李《り》を指導部から追放した。コミンテルンの指導から逸脱したというのがその理由だ。

この時、ソ連から帰国した留学生たちは二十八人いた。彼らは「二十八人のボリシェヴィキ」と呼ばれ、後に毛沢東と対立する。モスクワには中山大学という中国共産党幹部候補生のための大学があった。彼らはそこで共産主義思想や軍事を学んでいたのだ。その考え方は都市労働者主体の革命というもので、農民重視の毛沢東とは真っ向から対立する。

一九三〇年十二月、江南省の共産党支部でスパイ疑惑が持ち上がった。毛沢東は支部委員会幹部数名を捕らえ、監禁した。

すると、その逮捕された幹部を奪還しようという叛乱が党内で起きた。毛沢東はこの叛乱を鎮圧し四千四百名を処刑した。これが毛沢東による粛清の始まりだった。はたして本当にスパイがいたのかも、曖昧なまま決着した。スパイ容疑をかけられた者は李立三派だったので、派閥抗争ともいえる。李立三の計画した蜂起のせいで楊開慧は捕らえられ処刑されたともいえるので、その復讐だったのかもしれない。

いずれにしろ、毛沢東はこの時に「粛清」を経験した。

●自分と対立する組織内部の反乱は容赦なく鎮圧

長征の始まり

蔣介石の共産党包囲討伐作戦は断続的に、しかし執拗に続いた。一九三〇年十二月に十万人の大群が江西省のソヴィエト地区を襲うが、毛沢東の紅軍に撃退された。翌三一年五月の第二次討伐作戦では、蔣介石は二十万人の兵力を投入したが、これも十五日間の激戦で、紅軍が勝つ。六月三十日には三十万人を動員しての第三次討伐作戦が始まったが、これも紅軍が勝った。紅軍は防戦には勝利したのである。しかし、こちらから国民党軍を攻撃するだけの力はない。国民党が共産党討伐に熱心な間に、日本軍は満州侵略を着々と準備し、九月十八日に奉天を占領した。国民党は共産党討伐を中断し、日本軍との戦いに全力を注がなければならなくなる。

この機会に共産党は、毛沢東が労農ソヴィエトを建てていた江西省瑞金《こうせいしょうずいきん》に「中華ソヴィエト共和国臨時中央政府」の樹立を宣言し、毛沢東をその主席にした。だが、この「主席」というポストはお飾りで実権はなかった。

日本は清王朝の末裔《まつえい》の溥儀《ふぎ》を擁立して一九三二年三月に満州国を樹立した。それへの対応に追われていた蔣介石だが、共産党討伐も諦めない。六月に、今度は五十万の軍勢で共産党を攻めるが、またも撃退された。

共産党の党内抗争も相変わらずだ。八月の会議ではソ連帰りの留学生幹部たちが、毛沢東を「富農との決定的闘争を怠っている」として攻撃し、毛沢東から紅軍の指揮権を奪った。毛沢東はさらに党中央委員会からも追放されてしまう。健康状態もよくなく、毛沢東はいったん一線から退いた。

翌一九三三年十月、蔣介石は百万の軍勢で、五度目となる共産党軍包囲討伐作戦を開始した。瑞金を攻撃し、「焼き尽くし、殺し尽くし、破壊し尽くせ」という徹底した焦土化作戦で、百万人の農民が殺された。

健康が快復した毛沢東は復帰していたが、軍の実権はない。毛沢東は得意のゲリラ戦法――敵を根拠地に誘い込み、包囲して殲滅する――を提案したが、モスクワ帰りで占められている党中央は「田舎者の作戦」として却下した。彼らが選んだのは徹底した防衛作戦だった。そして、それは見事に失敗する。

モスクワ帰りは何をやっても失敗する。しかし、彼らは自分たちの理論は正しいと信じ込んでいるので、過ちを認めない。

蔣介石軍の瑞金包囲は一年あまりも続いた。瑞金ソヴィエト内は食糧も尽き、餓死者が百万人を超えたともいう。包囲されていたので、まさに兵糧攻めにあったのだ。

周恩来と朱徳は、さすがにこのままでは全滅すると感じ、権限を失っていた毛沢東に相談した。

一九三四年七月、毛沢東は紅軍の幹部を集め、党中央の指令を無視して、撤退して敵の包囲網を突破しようと提案した。その時点で紅軍には三十万人の兵がいた。それを秘密裡に瑞金から脱出させようという計画である。

結局、脱出したのは紅軍の兵士と民間人合わせて十五万人で、十月十六日に国民党軍の包囲網を突破した。これが世にいう「長征」の始まりだった。

●お飾りのポストでも一応もらっておく
●左遷されても、組織内部の混乱を待ち、復帰の機会をうかがう
●組織の失敗を、自分の成功のチャンスにする

クーデター

「長征」はすべてが綿密な計画のもとにあったわけではない。結果として一年かけて一万二千五百キロを歩いて移動した。

長征の指揮を取ったのは、当初は毛沢東ではなかった。

この時点まで党中央で指導的立場にあったのは、モスクワ留学生の博古《はくこ》(本名は秦邦憲《しんほうけん》)と、オットー・ブラウンというソ連から派遣されていたドイツ人軍事顧問だった。彼らは「政府」

の移動であるとの固執した考えで、印刷機械まで持って移動していたので、荷物が多くなり、それが紅軍のスピードを遅くしたし、兵士たちの疲労度を増した。幹部は、自分で持って運ぶわけではないので現場のことが何も分からない。

毛沢東は彼らの権限を奪わなければならなかった。無能な幹部に従っていると全滅してしまう。

一九三五年一月、紅軍は貴州省遵義《じゅんぎ》を占領した。この時点で出発時の三分の二の兵力が失われていた。ここが勝負の時だと毛沢東は判断し、十五日に中国共産党中央政治局拡大会議を開かせた。政治局会議だとメンバーの大半がモスクワ留学生組だ。毛沢東の意見が通るはずがない。そこで毛沢東は本来ならば議決権のない者にも議決権を与える拡大会議を開かせたのだ。出席者は四十人ほどになったが、その三分の二、あるいは四分の三は政治局員どころか中央委員会のメンバーでもなかった。

毛沢東はこの会議ではイデオロギー論争はやめようと提案した。軍事面だけを討議する会議だとしたのだ。それによって軍の指揮官も参加することになった。ここで理論闘争を始めると、どうせモスクワ留学生組が難しいことを言って自己正当化に走る。どの理論が正しいかなど、分かるのは何年も後の話だ。

いまは戦争の最中である。軍事面だけを議論しようということになった。毛沢東は「党中央の無謀な計画で、多くの兵が犠牲になった」と党中央を批判した。そして、「もはや失敗は許されない」と宣言した。

この会議で、それまでモスクワ留学生組を支持していたはずの周恩来が、これまでを自己批判し、「毛沢東は常に正しかった。これからは指導権を毛沢東同志に委ねたい」と演説した。これによって会議は一気に毛沢東支持へと流れ、博古は批判に晒され、失脚した。周恩来が事前に毛沢東と打ち合わせていたのかどうかは、分からない。

さらにこの会議は、はたして党規約上、合法的だったのかどうかは見解が割れている。「拡大会議」というものが、曖昧なのだ。

会議では周恩来を最高軍事指導者とし、毛沢東は中央書記処書記となり、長征を指揮していくことになった。そして長征の過程で毛沢東は周恩来から実権を委ねられる。これも奪ったのか、譲られたのか、はっきりしない。

毛沢東の紅軍内での権力掌握は、なし崩し的になされたといっていい。それだけ危機的、壊滅的状態にあったともいえる。投げやりにならず、いわば火中の栗を拾ったことで、彼は権力を握り、以後、何があっても手放さなかった。

毛沢東はまず紅軍、すなわち人民解放軍の全権を掌握し、それによって共産党を支配した。この党は、いまもそうだが、軍が党を支配するのだ。開発部門よりも営業部門が強い会社のようなものだ。そうなったのは、開発部門が無能だからで、営業の最前線にいる者が会社を率いていく。それが可能だったのは、開発部門のリーダーともいうべき周恩来を味方にしたからである。

周恩来ら周囲の者にとって、毛沢東への権力移譲は緊急時、非常時のみのつもりだったかもしれないが、そうはならなかったのだ。

同年十月十九日、毛沢東率いる紅軍は陝西省《せんせいしょう》呉起県《ごきけん》（現在は延安市《えんあんし》）に着き、毛沢東は長征が終わったと宣言した。

紅軍は脱出した時は十五万人いたが、最後まで歩いて辿り着いたのは八千人だった。途中、国民党軍の攻撃もあったが、餓えと寒さでも多くが死んでしまったのだ。

この長征には毛沢東の二人目の妻賀子珍《がしちん》も同行し、その間に子供を産んでいる。

- 自分が勝てるように会議の構成メンバーを決めた上で、勝負する
- 組織内で理論闘争は避ける
- 一度摑んだチャンスは離さない

名コピーの数々

長征は軍事作戦としては大失敗である。

だが、十四万人が死んだことは忘れられ、八千人が一万二千五百キロを餓えと寒さに耐えて移動したという事実をクローズアップすることで、英雄伝説として語られることになる。

大きな失敗は無視し、小さな成功のみを強調する、宣伝戦術の基本である。

毛沢東は「農村が都市を包囲する」に代表されるように名コピーライターでもあった。彼が書いた、あるいは言ったとされる言葉で有名なものには、

「政治は血を流さない戦争であり、戦争は血を流す政治である」

「鉄砲から政権が生まれる」

「空の半分を支えているのは女性である」

「共産主義は愛にあらず、共産主義は敵を叩き潰すためのハンマーなり」

「帝国主義は張子の虎である」

「人間は若くて無名で貧乏でなければよい仕事はできない」

などがある。

革命家・政治家の中では、毛沢東は最高のコピーライターだった。

この長征の後、日中戦争の激化に伴い、共産党は再び国民党と合作し、対日戦争を戦う。だが、共通の敵である日本が敗北すると、中国はまたも内戦となり、それに勝利したのは、共産党だった。中華人民共和国の成立は一九四九年である。

- 大きな失敗は無視し、小さな成功を強調する
- 大衆の心を摑む名コピーをたくさん作る

第三部

野望の果て

スターリン 1878〜1953年

ヒトラー 1889〜1945年

毛沢東 1893〜1976年

第一章 ヒトラー

——国盗り物語

ドイツ国首相となったヒトラーだが、ドイツ政界の混乱と人材難を背景にした複雑な人間関係のもつれから、いわば消去法として任命されたに過ぎない。

権謀術数を尽くしたのはパーペンやシュライヒャーといった元首相たちで、彼らは、策士策に溺《おぼ》れるの言葉通り、自分で自分の首を絞めて脱落した。そして、棚から牡丹餅《ぼたもち》のようにして、ヒトラーに首相の椅子が転がり込んできたのだ。

この幸運をヒトラーは逃さなかった。

過去数年の内閣がいずれも短命であったことから、最大野党である社会民主党はどうせヒトラー内閣も短命に終わるだろうと、たかをくくっていたが、そう思うのも無理はないほど、弱い内閣、弱い首相のように見えた。

実際、最初は弱い首相だった。そもそもヒトラーにはそれまで一切の行政経験がない。というよりも、彼は軍隊以外にまともに「勤務」した経験すらなく、軍隊生活を除けば、定刻に起きて定刻にオフィスに入って執務をするという生活そのものが初体験だった。

一月三十日にヒトラーを首相にした時点では、老獪《ろうかい》なヒンデンブルク大統領と、いつの間にかキングメーカーになったパーペン元首相のほうが役者が上だった。

組閣においては大統領と、副首相として入閣したパーペンが閣僚人事を決めた。ナチスから入閣した二人のうち、ゲーリングはヒトラーに近いが、もうひとりのヴィルヘルム・フリックは党内左派で追放されたシュトラッサー派の人物だった。これもヒトラーへの牽制《けんせい》人事だ。それ以外の閣僚は、誰一人としてヒトラーとそれまで一面識もなかった。

当たり前のことを重大ニュースとして報じる広報戦略

ヒトラーは閣内では実権のない弱い首相だったが、大衆の人気はあった。大統領官邸で首相に任命された後に、ヒトラーが官邸の外へ出てくると数千のベルリン市民が歓呼の声で迎えた。

この大衆からの人気を演出したのが、後の宣伝相ヨゼフ・ゲッベルスである。この天才的宣伝師のラジオなどのメディアを駆使した宣伝・広報活動でヒトラーとナチスの人気は高まっていく。

ここ数年の弱い内閣、弱い首相、度重なる内閣総辞職と選挙に国民は飽き、疲れていたという背景もあっただろう。

ゲッベルス(この時点ではまだ宣伝相ではない)はヒトラーが「執務を始めた」というどうでもいいことを重大ニュースとして報じさせ、その後も、ヒトラーがどこかに行くたびに大げさに報じていき、いつの間にかヒトラーの一挙一動が大事件であるかのようになり、その結果、ヒトラーは英雄視されていった。

ヒトラー政権では、パーペン副首相と並び、ドイツ国家人民党の党首として入閣したフーゲンベルクもまた実力者だった。フーゲンベルクはドイツ最大の映画会社UFAや、地方新聞を持つメディア王で、鉄鋼・重工業のクルップ社の重役でもある財界の大物だ。内閣では経済・食糧(農業)相となった。経済政策、農業政策、そして労働政策はフーゲンベルクが管轄し、軍はヒンデンブルク大統領直属であり、パーペンは最大の州であるプロイセン州の全権委員でもあり統治権を持っていた。

このように、ヒトラーが直轄できる分野は狭いものだった。産官軍の既存のエスタブリッシュメントはスクラムを組んで、このオーストリア出身の成り上がり者を「名ばかり首相」にしようとした。

ヒトラーは何も逆らわずに、それを受け容れた。ここで争っても意味がないと考えていた。

権力とは一般に、政治でも企業経営でも人事権と予算編成権である。だが、ヒトラーはその二つを放棄した。ここにヒトラーの出世術の基本原理がオール・オア・ナッシングであることが分かる。

いまの段階では、どうせ連立内閣であり、独裁は難しいのだ。であれば、パーペンに勝手にやらせておけばいい。ヒトラーとしては、どうやったら独裁政権となるかが重要だった。ヒトラーがこの状況を打破するには、かつてナチスで独裁権を得たように、ドイツ政界全体での独裁権を摑み取るしかない。これまでのナチスでの党内抗争は予行練習だった。

逆算の思考がここでなされる。

どうして自分には人事権がないのか。大統領が握り、さらに政界で先輩であり年長のパーペンが暗躍しているからだ。であれば、この二人の権力を奪えばいい。大統領は高齢で先は長くない。パーペンが力を持っているのは、ナチ党が国会で単独過半数ではないからだ。つまり、過半数になればいい。それには選挙をやるしかない。ならば、すぐに解散だ。

ヒトラーは国会解散を決めた。

▼上の人間の弱点は何かを考えて、行動する
▼部下に自分を英雄扱いさせ、自己PRを怠らない

あえて連携しないように仕組む

連立を組む国家人民党のフーゲンベルクは解散・選挙に反対した。同党は政策も支持層もナチスに近いので、選挙をやれば支持層がナチスに流れ込む可能性が高い。ナチスに単独過半数を取られたら、連立政権にも加われず、何もいいことがない。

中央党は正式には「カトリック中央党」といい、その名の通り、カトリック系の政党である。キリスト教さえ弾圧されなければ、社会主義でも国家主義でもよく、常に与党であろうとした政党だった。パーペン副首相はこの中央党出身なのだが、前年、党の方針に逆らって首相になったために除名されており、この時点ではパーペンと中央党との関係は最悪になっている。つまり間接的に、中央党はヒトラーとも関係は悪い。

普通に考えると、政権の安定のためには中央党も連立に加わってもらったほうがいい。だが、ヒトラーはそう考えない。

ヒトラーの目的は、現内閣を安定させることではなかった。もっと先を見ている。つまり解散・選挙での単独過半数だ。解散には大義名分が必要だ。「国会で与党が過半数ではない」状況を打開するために解散・選挙としたい。

しかし中央党が連立に加わると、解散する理由がなくなる。そこで中央党に対しては、連立して入閣してくれという交渉の席で、「国会の一年間の停止を考えているが、それに同意しろ」という条件を突きつけた。中央党としてはそんな条件は呑めないので、回答を保留した。

そこでヒトラーは中央党からの連立参加の回答が来る前に、国会の解散を決めてしまった。最初は反対だったフーゲンベルクも、他の閣僚が賛成するので最終的には同意し、ヒトラーの首相就任から三日目にあたる二月一日に、ヒンデンブルク大統領は国会解散令に署名、三月五日が投票日と決まった。

高等数学

解散を決定する閣議でフーゲンベルクは、共産党の活動を禁止すれば、過半数が取れるのではないかとヒトラーに提案している。しかしヒトラーは「六百万もの有権者の活動を禁止するのは不可能だ」と言った。それが本音だったのか、それともこの時点で陰謀が進行していたのか、それは分からない。

ここで、当時の議席数を見てみよう。前年の一九三二年は七月と十一月に選挙が行なわれた。その結果を表にする（204頁）。

総数が異なるのは、比例代表制で六万票を獲得すると一議席を得るという仕組みで、全体の投票率が高ければ議員総数が増えるからだ。総数は七月が六〇八、十一月が五八四だったので、六〇〇がひとつの目安である。これまでの実績からいって、ナチスだけで三〇〇を取るのは難しい。

他の党はどうか。共産党は支持者が全ドイツで六百万人はいるので常に一〇〇議席前後は固い。社会民主党も一二〇から一三〇は取れる。この二党で全体の三分の一ほどは獲得できるのだ。中央党にも一定の支持層がある。つまり、ナチスが議席を伸ばすとしたら、右翼政党である国家人民党を切り崩すのがいちばんいいわけだが、それでは連立政権全体の議席は変わらないし、過半数にならないので、意味がない。

現行のルールで現状の勢力分布であれば、ナチスの単独政権はかなり困難である。ゲッベルスの大宣伝の効果はまだ未知数だ。

となればルールそのものを変えればよい。フーゲンベルクが言った、共産党の活動禁止はひとつの手段である。だがそうなると、共産党への支持層は棄権か社会民主党へ流れるだろう。分母である総投票数が変わらず、分子であるナチスだけで取れそうな票数もそう大きな変動がないとしたら、やはりナチスだ

	7月31日	11月6日
共産党	89	100
ドイツ社会民主党	133	121
カトリック中央党	75	70
ドイツ国家人民党	37	52
ナチス	230	196
その他の政党	44	45
総数	608	584

けでの過半数は難しい。

高等数学というほどの難問ではないが、この数の問題を解決するには、共産党に議席を与えた上で、その議席を無効にすればいいのである。しかし、そんなことができるのか。

▼現行ルールが自分に不利だったら、ルールを変える

謀略か偶然か

選挙戦の最中の二月二十七日、ベルリンの国会議事堂が放火され炎上した。

犯人はオランダの元共産党員で、ブルガリア共産党員も共犯として逮捕された。当人たちの自供ではドイツの共産党に武装蜂起を呼びかけるための犯行だという。

この事件を口実にして、ヒトラーはヒンデンブルク大統領に、憲法にある基本的人権条項を停止し、共産党員を従来の法的な手続きなくして逮捕してもいいという大統領緊急令を発令させた。これによって、共産党員は次々と逮捕されていく。ここで共産党の活動は禁止しないのが戦術である。

この事件の真相をめぐってはいまだはっきりしない点もある。放火そのものもナチスの仕業

だという大謀略説も根強い。ゲーリングが仕組み、共産党に濡れ衣を着せ、弾圧の口実にしたという説だ。そうだとしても、はたしてゲーリングの独断であったのか、ヒトラーの承認のもとでなのか、あるいはヒトラーが立案した陰謀だったのか。

その一方で、放火はやはり前述の外国の共産党員によるもので、これを知ったヒトラーがヒステリー症状となり、一気に共産党弾圧に進んだとの解釈もある。

こうした動きと並行して、連邦制も崩壊していた。すでに前年からプロイセン州の自治権は実質的に剝奪《はくだつ》されていたのだが、二月六日の大統領令によって、プロイセン州内閣の権限が国家に譲渡され、パーペン副首相がプロイセン州首相となり、無任所大臣だったゲーリングがプロイセン州内務相を兼任することになった。

これにより同州の警察組織はナチスのものとなった。ナチスの突撃隊、親衛隊などの五万人はプロイセンの「補助警察」という組織に組み込まれ、ナチスと国家権力の一体化が進む。他の州も同様に自治権を失っていき、ここにワイマール共和制のひとつの柱であった連邦制は崩壊した。

こうして共産党員が逮捕されていくという異常事態のなか、三月五日の選挙当日となった。ナチスは大宣伝を展開して自党に有利なように選挙戦を戦った。

ナチスの圧勝かと思いきや、全体の結果は、そうではなかった。

投票率が高かったので総議席数は六四七となり、ナチスが二八八、社会民主党が一二〇、共産党が八一、中央党が七四、国家人民党が五二、その他が合計して三二だった。ナチスの得票率は四十三・九パーセントだった。国家人民党と合わせての議席数は三四〇なので過半数に達したが、ナチスの単独過半数は達成できなかった。

共産党や社会民主党を弾圧し、選挙運動を妨害し、一方で政権党であることから大宣伝を展開したにもかかわらず、この結果となったので、実質的には敗北との解釈もできる。

高等数学の解答

選挙によって分子を大きくすることには失敗した。分子が変わらない状況下でどうやって状況を変えていくか。残された手は分母を小さくすることだ。

たとえば取締役会で自分に有利な議決を得たい場合には、定足数ぎりぎりになるように、反対派の役員を会議室に入れないようにすることが、実際の企業でも行なわれることがある。

三月九日、ヒトラーは共産党の国会での議席を剝奪した。

すでに共産党の議員のほとんどは逮捕されており、国会に登院できない状況にあったが、議員資格まで剝奪したのである。この、当選させておいてから資格を剝奪したのは謀略であった。共産党の八一議席がなくなってしまい、総数は五六六となり、その過半数は二八四なので、二八八議席のナチスだけで単独過半数となったのである。分子を増やすことができないので、分母を小さくしてしまう――これがヒトラーの高等数学の解答だった。

ヒトラーは十三日に新たに国民啓蒙・宣伝省を設立しゲッベルスを大臣にした。これにより、ナチスのプロパガンダと国家のプロパガンダとは一体化した。二十日にはダッハウに強制収容所が設立され、粛清のためのハードも完備されていく。

三月二十三日、国会で全権委任法が成立し、これによって立法権を政府が掌握する体制が確立された。

首相であるヒトラーには、憲法以外のすべての法令を国会の承認も、さらには大統領の署名も必要なしに制定する権限が与えられたのだ。国会はないも同然だった。四月七日にはユダヤ人を公職から追放するための職業官吏再建法が制定された。

四月二十六日には秘密国家警察が創設された。「ゲシュタポ」という通称で知られるが、これは「無慈悲」という意味だ。最初の責任者にはゲーリングが就き、翌年四月からはヒムラーが引き継いで、まさに「無慈悲集団」となって恐怖政治の象徴となる。

国会が機能停止に陥っただけではない。共産党につづいて、六月には社会民主党も活動禁止となり、さらに国家人民党も解散に追い込まれ、フーゲンベルクは大臣を辞任、中央党をはじめとする他の政党も七月には解散させられ、ナチ党のみしか存在しなくなった。

こうしておいて、十一月にまたも選挙が行なわれたが、ナチス以外は立候補しなかったので、信任投票でしかない。ナチスは三九六五万票・六六一議席を得たが、無効票も三三五万票、七・八パーセントは出た。

十二月には、「党と国家の統一のための法律」が公布された。ナチス以外の政党の継続と新党を禁止し、ナチスが国家に編入された。

翌一九三四年一月一日、ヒトラーは年頭所感として、「国家社会革命は勝利した。マルクス主義は破壊され、共産主義者は跪《ひざまず》いた」と高らかに宣言した。

一年でここまでやってしまったのだ。

政権獲得からちょうど一年となる一月三十日には、正式に各州の主権が国に移譲され、州議会は解散させられ、ドイツは完璧な中央集権国家となった。

二月には、帝国時代からの議会である「参議院」が廃止された。これは各州の代表によって構成されている議会だった。州政府がなくなったので不要となったのである。司法権の政府への移譲も定められ、これにより、ナチスは国家の行政機構と各州の権限、そして司法権も一元化した。

同じく二月、産業界も統制されていく。

強引な手法としては共産党の議員資格を剝奪しただけだった。そのたったひとつの強引な手口をテコとして——議会で単独過半数になったことで——国家の統治機構改革をやってしまったのだ。

共産党には常に十パーセント程度の支持があったとはいえ、その過激な言動は多くの国民からは嫌われており、そこにつけ込んだ。共産党だけが弾圧されている限りにおいては、他の政党も多くの国民も黙認した。

みんなから嫌われている者を虐待しても、批判の声は上がらない。それをいいことにして、その者の権利を奪う。黙って見ていた者は共犯関係となるので、以後、何も言えなくなってしまう。「あの時、お前だって、黙っていたじゃないか」となってしまうのだ。この時は共産党が犠牲となった。その次にはユダヤ人が同じように追放されていく。そして同じようにユダヤ人以外はそれを黙って見ているしかなくなっていた。

▼数でどうしても劣る時は、邪魔者を消す
▼実力行使の部隊を作る
▼誰からも嫌われている者を徹底的に排除し、黙認した人々が逆らえないようにする

血の粛清

こんにちの日本でも失脚して政治生命を失う政治家は多いが、生命そのものまで奪われるわけではない。しかし、ヒトラーは本当に殺してしまった。

突撃隊幕僚長エルンスト・レームは、ヒトラーが首相になり、全権を掌握していく過程で、ほとんど出番がなかった。レームは暴力革命を目指していたが、ヒトラーはかなりインチキな部分があるとはいえ、選挙による合法的な革命を実現してしまった。

それはそれとして、レームの願いは自分が育ててきた突撃隊を、これまでの国軍に代わる軍とすることだった。レームが帰国した時は七万人だった突撃隊は、一九三四年には四百万人になっていた。

しかし突撃隊の国軍化には、当然、旧来の国軍幹部たちは反対である。軍はヴェルサイユ条約の縛りで十万人しかいないのに、突撃隊は四百万人だ。当然、軍は突撃隊に呑み込まれてしまう。プライドの高い、ドイツ帝国時代からの軍の幹部たちにはとうてい、容認できないし、何よりもヒンデンブルク大統領がそれを認めない。

ヒトラーは軍を敵にまわすのは得策ではないと考えていた。このことからかつての親友であるレームとの間で、緊張が生じていた。

一方で、最初は突撃隊の一部門だった親衛隊は、ヒムラーの指揮下に入ると膨張していった。ヒムラーは秘密警察ゲシュタポの責任者でもあり、さらに各州の警察も指揮下に置いた。こうしてヒムラーは警察権力と親衛隊とを手に入れ、親衛隊の下に警察が置かれるようになる。

軍にはなれない、親衛隊のほうが実権を握っている――突撃隊とそのトップであるレームは不満を抱いていた。このことをゲーリングやヒムラーは感じ取り、レームが叛乱しかねないと、ヒトラーに進言した。ヒンデンブルク大統領と軍の幹部たちも、レームと突撃隊を警戒しており、ヒトラーに対し、どうにかしろと言ってきた。

ヒトラーにとってレームは、彼がナチス党首になる前からの、「俺・お前」で呼び合う数少ない友人のひとりだ。それもまた、ヒトラーにとっては、邪魔だった。誰もが自分にへりくだって接するのに、レームは友人として接する。

権力を握る前からの側近と、握った後の側近との間では、衝突が起きるものだ。権力を握るまでの過程で必要だった人材が、権力獲得後も必要とは限らない。

ここへ至り、ヒトラーも、もはやレームは必要がなくなったと判断した。

しかし左遷するだけでは、いつ本当に叛乱を起こすか分からない。突撃隊からレームの影響を排除するにはレームそのものを排除するしかない。排除とは、すなわち粛清、つまりは殺害である。

レームを排除した後、突撃隊はヒムラーの親衛隊が引き受けることも決めた。突撃隊はその暴力で批判されていた。この際、これまでのナチスの暗黒面の責任をすべてレームに押し付けてしまえば、ヒトラーはきれいなイメージを保てる。そして、昔からの親友であっても、不穏な動きをすれば失脚し、失脚はそのまま死を意味すると知らしめれば、自分に逆らう者は出ないだろう。

こう考えていくと、レームを粛清することに、何のマイナスもない。ヒトラーはヒムラーに粛清を指示し、さらにこの際だから他にも現体制に邪魔な者は排除しようと決め、そのリスト作りもヒムラーに任せた。

六月三十日、後に「長いナイフの夜」と称される粛清劇の幕が上がった。

この日、レーム以下の突撃隊幹部たちはミュンヘン郊外の温泉地のホテルに集まっていた。ヒトラー自らがそこにやって来て、全員を逮捕した。

前首相シュライヒャーは自宅で銃殺された。ナチスの左派の論客で党勢拡大に貢献のあった元組織全国指導者グレゴール・シュトラッサーも逮捕され殺された。ヒトラーは自分の敵になりそうな者はすべて殺すことにしたのだ。さらにはパーペン副首相も軟禁された。

それからの数日で、一千人以上が処刑されたと伝えられている。

レームとシュトラッサーの粛清とは友人殺し、同志殺し、ライバル殺しである。つまり、彼には友人も同志もライバルも、もはや不要だということだった。

その代償としてヒトラーが得たものは何か。

政権としては、軍との良好な関係を築くために邪魔になったレームと突撃隊を排除できた。

さらに、ナチス内において、ヒトラー以外に強い権力を持つ者はあってはならないことを示し、党内反主流派の最後の一掃としてシュトラッサーも消してしまったのだ。

レーム粛清は、ヒトラーとナチスは何をやるか分からないという恐怖心をドイツ国民に植え付け、いわば、反抗する気力を萎えさせるのも成功した。

▼あらゆる反対勢力を粛清する
▼粛清は堂々と行ない、人々に恐怖心を植え付け、逆らう気力を奪う

大統領の死

副首相パーペンはヒトラーの権力が肥大化するのを恐れていた。甘く見ていたと気づいた時にはもう遅かった。

パーペンは最後の抵抗を始めた。ヒンデンブルク大統領の命がそう長くないと察したパーペ

ンは、大統領の死後、ヒトラーの完全なる独裁とならぬように先手を打とうとしたのだ。「自分の死後は、帝政復活を希望する」という内容の遺言を大統領に書かせ、それを存命中に公にしようと考えた。しかしヒンデンブルク大統領は、ヒトラーへの私信として帝政復活を希望していると書いただけで、パーペンの希望は叶えられなかった。

パーペンは失脚したものの、粛清は免れ、その後はオーストリアやトルコの大使を務めた。戦後はナチスとして裁判にかけられたが無罪となり、一九六九年まで生きる。

七月末に大統領が危篤になると、八月一日、緊急閣議が開かれ、「国家元首に関する法律」が制定された。

ヒンデンブルクの死後は、大統領職を首相と統合することが決められた。それだけではない。単に、大統領と首相の権限が一元化されるのではなかった。それであれば、また大統領選挙を行ない、その選挙で選ばれた者がその大統領・首相兼任となることになる。

ヒトラーはそんな面倒なことはしたくなかった。閣議で決まったのは、大統領と首相の権限をひとつにすることと、その絶大な権力を、「指導者兼首相であるアドルフ・ヒトラー」に委譲するということまで決められたのだ。

その翌日、八月二日にヒンデンブルク大統領は八十六歳で亡くなった。前日に定めた法律が自動的に発効し、ヒトラーは国家元首である大統領にして内閣の長たる首相となった。

ヒンデンブルク大統領に敬意を表して、「大統領」という肩書は使われず、ナチス党首の肩書であった「指導者」が国家元首の肩書ともなった。これを日本では「総統」と訳したのである。

「大統領」を名乗ったのでは、ワイマール憲法を認めていることになり、その三代目の大統領ということになってしまう。

偉大なるヒトラーが「三代目」になるなど、あってはならない。唯一無二の絶対的存在であるためには新しい呼称が必要だったのだ。

そして八月十九日、ヒトラーが「総統」となることの是非を問う国民投票が行なわれ、投票率九十五・七パーセント、賛成が八十九・九パーセントとなり、ここにヒトラーの出世物語は終幕となる。

カーテンコールに応えるかのように、その翌日、ヒトラーはこう宣言した。

「ナチス革命は、終了した。これから一千年、ドイツにおいてはいかなる革命も起こらないであろう」

▼最高権力者になったら、それまでと異なる新たな役職名を考案し、「初代」となる

その後のヒトラーとドイツがどうなったかは、歴史にある通りだ。

ヒトラーは無謀な領土拡張戦争を始め「世界の王」となろうとし、それが劣勢になると、もうひとつの理想であるゲルマン民族のみの社会を実現すべく、ユダヤ人の大殺戮を始めた。

その二つの野望は潰《つい》えて、ドイツ全土は壊滅した。

第二章 スターリン
——バトルロワイヤル

スターリンの大殺戮は、権力を握ってから行なわれる。権力獲得闘争においては、彼は敵対する者を殺すことはしなかった。粛清という大殺戮は権力者になってからだ。

レーニンが指摘したように、スターリンには「粗暴」な面があったとしても、史上これほどまでに同志を殺した者はいない。猜疑心が強く自分以外は誰も信じなかったというが、そうなった理由のひとつが、彼の趣味となった「盗聴」にあるだろう。同志たちの会話を盗聴していたことで、スターリンはますます誰も信じられなくなったに違いない。

スターリンが権力を維持するためには、盟友も同僚も部下も、すべてを粛清しなければならない。スターリンの指揮下にある秘密警察と強制収容所は、数十万とも数百万人ともいわれる死者を生みながら、共産党体制を維持するために機能し続ける。

史上最悪の国家の暴走を止めるには、スターリンその人の死を待つしかなかった。

トロツキーをあえて残す

一九二五年一月、スターリンはトロツキーを軍事人民委員ポストから解任した。クーデターの際に軍が重要な役割を果たすことは、誰もが分かっている。軍を握っている者が権力も握れる。政敵であるトロツキーに軍を任せておけるはずがなかった。トロツキーは経済行政部門を担当することになった。

そうなる前にトロツキーが軍を率いて決起していれば、歴史は大きく変わったかもしれないが、トロツキーは、共産党政権は自分が作ったとの自負があるので、自分で壊すことはできなかった。党を正しい方向へ導くことができると信じていた。「論理的に正しい者が勝つ」と思うのがインテリだ。甘いといえば、甘い。その「正しい方向」を決める権限を持つのは、もはやスターリンなのだ。

トロツキーの後任の軍事人民委員には内戦での英雄のひとり、ミハイル・フルンゼがジノヴィエフの推挙で就任した。カーメネフとジノヴィエフは、スターリンに権力が集中するのを警戒し、スターリンとは関係がほとんどないフルンゼを推したのだ。スターリンもトロツキー派でさえなければいいと思い承認した。しかし、これが間違いの始まりだった。

スターリンよりもジノヴィエフのほうがトロツキーを恐れていた。ジノヴィエフは「トロツキーを逮捕しよう」と主張した。しかしスターリンは反対し、逮捕しないどころか、「党の指導部からの追放は考えられない」とトロツキーを擁護し、政治局のメンバーに残した。

ここがスターリンの悪賢いところである。たしかにトロツキーは邪魔だ。しかしトロツキーを完全に排除してしまうと、ジノヴィエフやカーメネフが勢力を伸ばす可能性がある。スターリンはそこまで読み、あえてトロツキーを残した。

トロツキーが指導部に残っている限り、ジノヴィエフらはスターリンとの同盟を維持せざるをえない。トロツキーは爆弾だが、爆発しそうになったら排除すればよい。

政敵を、力を奪った状態で残しておく。これもひとつの組織操縦術であった。

レーニンの死によって政治局員の座がひとつ空白になったので、政治局員候補だったブハーリンが昇格した。若い理論家のブハーリンはこの時点ではスターリン派となっていた。

スターリンが若いブハーリンを政治局に登用したことで、反トロツキーの一点のみで同盟関係を結んでいたスターリン、カーメネフ、ジノヴィエフの三人組の関係は微妙になっていった。それもスターリンには織り込み済みだった。

一九二五年時点での政治局のメンバーは、スターリン、カーメネフ、ジノヴィエフ、トロツキー、ブハーリンに加え、ルイコフ、トムスキーの七人だった。

アレクセイ・ルイコフ（一八八一～一九三八）は、ボリシェヴィキ時代からの古参党員のひとりだ。革命後の人民委員会議では内務人民委員になった。経済実務に秀でており、レーニンの死後は人民委員会議議長（首相）になっていた。ミハイル・トムスキー（一八八〇～一九三六）もボリシェヴィキ時代からの党員で革命に参加し、一九二二年から政治局員になっていた。この二人は理論家というよりも行政的手腕の持ち主で、スターリンは親近感を持っていた。

■自分の敵でも「敵の敵」なら組織に残す。そして利用する
■「共通の敵」の力を奪った後、それまでの同志とは距離を置く

思想なき、勝利者

対立は、表面では理論闘争として勃発した。

ブハーリンは党内右派の論客となっていた。彼はレーニンが始めた、部分的に自由主義経済を導入する新経済政策の継続を主張した。そして、農業の集団化や極端な工業化、富農との闘争には反対する漸進路線を主張し、機関紙「プラウダ」に論文を発表した。これらは、レーニンの方針とも一致していたので、問題はないはずだった。このブハーリンの穏健的路線を支持

したのが、実務派のルイコフとトムスキーだった。彼ら三人は党内右派を構成した。「新三人組」である。

しかし、ブハーリンの唱える政策は社会主義の本質からは外れるとして、党内左派から非難を浴びた。その左派の中心になったのが、カーメネフとジノヴィエフだった。二人はスターリンが若いブハーリンを重用し始めたことに、不快感を抱いていた。二人ともスターリンに面と向かって意見を言ったり反論するのは恐れたが、若いブハーリンになら可能だ。二人はブハーリンを「右傾化している」として攻撃した。

トロツキーは、こうしたスターリン派の分裂を傍観していた。

こうして政治局は、ブハーリン、ルイコフ、トムスキーの三人が右派、カーメネフとジノヴィエフの二人が左派となった。トロツキーはこの論戦には加わらなかったが、考え方は左派のはずだった。

ここで人脈と政策とがねじれていた。ブハーリンはもともとは左派で急進路線を主張し、カーメネフとジノヴィエフは最も穏健的で、たとえば一九一七年の革命時にも武装蜂起に反対したほどだ。それなのに、この時点では二人は左派なのだ。

スターリンは、どっちでもよかった。この人には思想はない。レーニンが健在だった間はレーニンの言うことに従っていた。レーニンがいなくなったいまは、常に「多数派」に従うのが彼の流儀である。どちらにつくか、スターリンは党内の様子をじっとさぐっていた。

やがてスターリンはブハーリンの主張を支持するようになる。二人は、ヨーロッパでの革命は遠のいたので、当分はソ連一国で社会主義に向かっていくべきだとの一国社会主義論でも一致した。トロツキーは永久革命論で、ヨーロッパ各国での革命運動を指導していくべきだというのが持論だ。

カーメネフとジノヴィエフ同盟は、スターリンとブハーリンの漸進路線に真っ向から反論を挑んだ。最初は政治局内での議論だったが、二人は新聞等に論文を発表し、さらに公開の集会を開いて論陣を張った。そして中央委員会で開かれた論戦をするように求めた。

この時点で二人は本気でスターリンに対抗するつもりだったのだろうか。だとしたら、あまりにも策がなかった。もっとも、策を弄しても勝てる相手ではない。

そのうちに、ジノヴィエフの論調は過激になり、かつて自分が批判したトロツキーの主張に近くなってしまった。右派を攻撃していると左に寄ってしまうのだ。

スターリンが危惧《きぐ》していたのは、カーメネフとジノヴィエフとが政策的に近くなったトロツキーと同盟を結ぶことだった。そこでスターリンは防戦に出る。

「敵の敵は味方」の法則は、単純であるがゆえに、簡単に成立する。それを阻止するためには、「敵の敵も敵」という、混乱状況に持っていくのが一番だ。

スターリンは、トロツキー支持勢力に対し、「トロツキーを最も激しく攻撃していたのはスターリンではなく、ジノヴィエフだった」という噂をばらまいた。これは事実だったので、だれもが納得し、噂はさらに広まった。スターリンはまず情報戦で勝利した。

スターリンは、論戦の最前線には出ずに一歩引いていた。そして後方で攪乱《かくらん》戦術としてありそうな噂を流したのだ。

トロツキー陣営の矛先が、スターリンではなく、ジノヴィエフに向かった。こうして自分へトロツキー派から批判が来ないようにした上で、スターリンはカーメネフとジノヴィエフに対しての批判を展開した。

スターリンはこの前まで同盟を結んでいたカーメネフたちを批判するだけで、トロツキーに対しては一切の批判をしないようにした。トロツキーを敵にしないことで、「敵の敵は味方」とならないようにしていたのだ。

党内は、左派からのブハーリン批判と、右派からのジノヴィエフ批判の声だけが目立ち、トロツキー批判は消えた。単純にブハーリンとジノヴィエフとが争っているだけの構図になった。

トロツキー派はスターリンを許せない。といって、ジノヴィエフとカーメネフも許せない。だからトロツキー派はどちらにも味方しない。

こうして、反スターリン派はスターリンとなってしまったカーメネフとジノヴィエフの二人が、「敵の敵は味方」の法則でトロツキーと提携することは困難となった。

ジノヴィエフはかつて批判したトロツキーと同じことを言い出したので、党内では嘲笑されるようになっていく。そんな情勢を見て、カーメネフはカーメネフで、いつまでもジノヴィエフと一緒にいたのでは共倒れではないかと疑心暗鬼に陥る。二人の同盟関係も脆い。

■常に多数派につく。そこを牛耳る
■「敵の敵は味方」の法則が成り立ちそうな時は「敵の敵も敵」として攪乱
■噂を利用して論戦の後方からライバルを撃つ

手術台での死

共産党党大会は一九二五年十二月に予定されていたが、その直前の十月三十日、トロツキーの後任の軍事人民委員フルンゼが急死した。

前述のように、フルンゼはトロツキー派ではないのでスターリンは自分の意のままになるだろうと思っていた。しかし軍事人民委員になると、フルンゼは軍改革を勝手に推し進めた。軍の幹部の人事についても、スターリンの許可も承認も求めずに行なうようになった。それは、あってはならないことだった。

スターリンはフルンゼを呼びつけて注意しようとした。しかし呼び出しを受けたことそのものにフルンゼは怒っている様子である。スターリンはフルンゼと会うなり、彼が胃潰瘍で苦しんでいるのを知り、親切にもすぐに手術を受けるように勧めた。そしてその日のうちに手術となり、その手術台でフルンゼは死んだ。あるいは、スターリンの執務室で倒れてそのまま死んだとの説もある。

いずれにしろ、フルンゼの死には不可解な点が多く、「夫は殺された」と言って妻も自殺した。レーニンもスターリンにとって最も都合のいい時に病に倒れ、そして亡くなった。スターリンのそばに、ヤゴダという毒薬に詳しい薬剤師の資格を持つ男がいたことはすでに記した。情況証拠としては、スターリンが毒殺したということになる。しかし、公式には「手術中での死」だ。

たとえスターリンの命令による毒殺だとしても、この頃のスターリンは自分の気に入らない者を「秘密裡」に殺していたことになる。「秘密裡」に殺すのは、手間がかかる。実行犯にも秘密を守らせなければならないし、病死とか事故死に偽装しなければならず、ひとりを殺すのに何人もの関係者が必要となり、秘密が漏れるリスクも高い。

スターリンはやがて、そんな面倒なことをしなくなる。警察と裁判所を自由に動かし、政敵を合法的に捕らえ、裁判で死刑判決を出して銃殺するという手段を選ぶのだ。そのほうがはるかに効率がいい。フルンゼの頃は、殺すにしても丁寧に手間をかけていたのである。もちろん、だからといって、この頃はましだったというわけでもない。

ともあれ、フルンゼは消された。

その死は、スターリンの言いなりにならなかった、たったひとりの軍人の死だったが、その影響は大きい。スターリンに逆らうとどういうことになるか、一瞬にしてソヴィエト中に分からせることができた。スターリンから見れば、費用対効果の大きい手術だった。

フルンゼの死が、「スターリンに歯向かった」ための「手術中の死」であることは、周知の事実だった。スターリンに反対すれば自分も手術を受けさせられるという恐怖が、党内には伝染していった。今後いったい、誰がスターリンに反対できよう。

ひとりの不自然な死が、何万人もの党員の反骨精神の死を呼んだ。

フルンゼの後任にはトロツキーを恨んでいることで知られるクリメント・ヴォロシーロフが就いた。この男は内戦の時にトロツキーから無能呼ばわりされて指揮官を罷免されたことがあり、以来、トロツキーを恨んでいた。後の大粛清では、スターリンの言いなりになって軍の粛清を担う。

■ライバルを恨んでいる者を重用して、ライバルを粛清させる

墓穴を掘る反対派

フルンゼの変死を序曲にして、一九二五年十二月の党大会の幕が開く。

それでも、カーメネフとジノヴィエフによるブハーリン攻撃が展開された。ジノヴィエフは自分の地盤であるレニングラードから選ばれた代議員を組織して抵抗した。彼は革命直後、レニングラード・ソヴィエト（当時はペトログラード）の議長を務めたことから、このロシア第二の都市の共産党組織を牛耳っていたのだ。

しかし、スターリンに勝てるはずがなかった。ジノヴィエフとカーメネフは孤立した。二人の古傷――一九一七年の革命の時にレーニンの唱える武装蜂起に反対したことがまたも蒸し返された。

スターリンは、ジノヴィエフとカーメネフを攻撃するのではなく、自分を支持するブハーリンとルイコフ、トムスキーを褒め称え、彼らなくして党は指導できないと訴え、圧倒的な拍手で支持された。

大会後、ジノヴィエフの地盤となっていたレニングラードへは、彼を支持する勢力を一掃す

るため、スターリンの側近であるキーロフが第一書記として着任した。

このセルゲイ・キーロフ（一八八六〜一九三四）こそが、後の大粛清のきっかけとなる人物だった。レニングラードの共産党の第一書記となるまでは目立たなかったが、演説がうまく、オルガナイザーとしても優れており、レニングラードに着任するや、すぐにジノヴィエフ派を一掃した。

党内抗争に敗北したジノヴィエフとカーメネフは、もはや頼れるのはトロツキーしかいない。一九二六年春に、二人はトロツキーとの連携を模索し始め、ついに当人と面談した。そして、自分たちが、トロツキー追い落としのためにスターリンと組んで、何をしてきたかを自白した。その結果、トロツキーからの信望を得るどころか、かえって、そんなひどい奴だったのかと思われるだけだった。さらにスターリンの悪口をさんざんに言ったが、言えば言うほど、そんな悪い奴と組んでいた理由の説明ができなくなり、トロツキーからばかにされるだけだった。

カーメネフとジノヴィエフがトロツキーと同盟しようとしていることもまた、スターリンに筒抜けだった。

二人はもがけばもがくほど、墓穴を掘っていく。

軍の責任者となったヴォロシーロフは、軍内部のジノヴィエフ派が軍に反党的な秘密組織を作っていると摘発した。それが濡れ衣なのか本当に組織があったのかは、もはやどうでもいい。

ジノヴィエフは、政治局員の地位を失った。

ここからスターリンは攻勢に出る。トロツキー、ジノヴィエフ、カーメネフらは党規違反をしたとの声明に署名させられた。そしてトロツキーとカーメネフも政治局から追放された。政治局に反スターリン派はいなくなった。

政治局を追放されても、トロツキーもジノヴィエフもまだ中央委員会のメンバーではあった。だが、その立場を失うのも時間の問題だった。

■失脚したライバルは徹底的に排除して再起不能に

泥仕合

こうした、スターリン、トロツキー、カーメネフ、ジノヴィエフらの泥仕合としかいいようのない争いについて、はたしてスターリンがどこまでシナリオを書いていたのか、よく分からない。スターリンのシナリオがあったとする説は、スターリンを貶《おとし》めるようでいて、陰謀家としては傑出していると褒めることにもなってしまう。行き当たりばったりに対応しているうちに、他の三人が自滅したとも考えられる。

結果としては、この章に登場する人物は、スターリン以外のほとんどが粛清される。彼らは自分の運命を知らない。途中で気づいても、もうどうしようもなかった。

トロツキーたちは、それでもふんばった。一九二七年十一月七日の革命十周年記念日には、トロツキーはモスクワで、ジノヴィエフはレニングラードで、それぞれの支持者を率いてデモをした。デモそのものは混乱はなく整然としたものだったが、指導部批判をしたことに間違いはない。

十二月の党大会で、トロツキーとジノヴィエフは共産党を除名された。この時、カーメネフはジノヴィエフらを弁護する演説をしたが、スターリン派の罵声にかき消された。そしてもちろん、カーメネフも除名された。

復党したければ、いままでの反指導部的な言動を撤回しろと突きつけられたが、トロツキーはそれを拒み、カザフスタンのアルマ・アタへ追放された。しかし、ジノヴィエフとカーメネフは、それまでの言動を撤回した。やはり、反スターリン派の結束など、ないに等しいものだった。

無条件降伏したのに、カーメネフやジノヴィエフはすぐには復党できない。彼らを許すかどうかの決定は、偉大なる書記長スターリンに委ねられた。

二人の運命、そして命までも、スターリンが握った。二人は半年後に復党を許された。

昨日の味方は新たな敵

こうしてトロツキー、カーメネフ、ジノヴィエフらが敗北すると、スターリンを支えていたはずのブハーリン、ルイコフ、トムスキーの三人がスターリンの次の標的となった。彼らの役割は、カーメネフとジノヴィエフを追放したことで終わったのだった。

ブハーリンはスターリン派から「右派」と批判されるようになった。ブハーリンはようやくスターリンの恐ろしさが分かった。そうなると、同じ恐怖を共有できる者と組むしかないと考え、彼はカーメネフのもとへ行った。しかし、もはやカーメネフは無力だった。

ブハーリンはカーメネフとの共闘を諦め、二人が会ったことも秘密にしようと約束して別れることしかできなかった。しかし、もちろん二人がどんなに密かに会ったとしても、スターリンには筒抜けだった。

スターリンに反感を抱いている者は多い。中央委員会のメンバーのほとんどがそうだといってもいい。それなのに反スターリン派が結束できなかったのは、共産党の幹部となった者たちの多くがインテリだったからだ。彼らには自分なりの革命観、どのような社会にすべきかといった思想があった。理論があった。党内での論争は、そういう思想的な路線対立だったので、「スターリンは嫌いだ」という感情論だけでは結束できなかったのだ。

これはいまの日本の政界で、非自民党勢力がひとつになれないのと似ている。一方の自民党は主義主張はほとんどなく、政権を握っていると得だからという理由だけで結束している。それと同じだった。

権力を維持するには、思想がないのがいちばんいい。

ある意味で、反スターリン派は真面目だった。そうしたインテリの真面目さは、ひ弱さでもあった。インテリの弱点を熟知していたスターリンは、そこにつけ込んだ。

スターリンは性格も人格も嫌われていたが、彼には確固たる思想信条がなかったので、誰の意見も採用できた。多数派がどっちか、場の空気を読む能力はあった。そして、常に多数派を支持した。支持されれば、たとえスターリンを嫌っていても、彼らはスターリンの支持を拒否はしない。かくしてスターリンはいつも多数派に属した。

考えを持たないことで、スターリンは党内抗争で常に勝利できたのだ。

新世代への疑惑

トロツキーは飼い殺しにされていたが、一九二九年一月、ついにスターリンはトロツキーのソ連からの追放を政治局に提案した。ブハーリンは反対したが、スターリンの案が可決され、トロツキーの追放が決まった。この時点ではスターリンはトロツキーを殺す決断はできなかった。トロツキーはトルコに亡命した。

トロツキーの国外追放に反対した以上、ブハーリンが政治局に残れるはずがなかった。ルイコフも、トムスキーも、政治局から追放された。しかし、その年のうちに、スターリンに謝罪して、三人ともどうにか復権した。

もはや政治局にも中央委員会にも、そして党全体にも、つまりはソ連全体にも、スターリンに歯向かう者などいないはずだった。

誰もがスターリンの顔色をうかがうようになって、表面上、党内抗争は沈静化した。命を賭けてまで、スターリンに抵抗する者はいなかった。

そんななか、スターリンの次の世代で頭角を現してきたのが、ジノヴィエフが拠点としていたレニングラードに第一書記として着任したキーロフだった。彼はジノヴィエフと親しい幹部たちを一掃すると、新世代のリーダーとしてレニングラードで実力をつけていった。キーロフは国民の間でも人気があった。一九三四年十一月の第十七回党大会では党中央委員会書記・組織局員にまで出世し、スターリンの後継者と目されるようになった。

この党大会の時、古参党員のひとりからキーロフはクーデターを持ちかけられた。

その古参党員は「レーニンの遺言をいまこそ実行すべきだ」と言って、キーロフに書記長になるようにと持ちかけたのだ。もちろん、キーロフはそんな危ない話には乗れないので、その場で断った。

そしてすぐにスターリンに、「書記長になれと言われましたが、断りました」と告げ口をした。どうせスターリンの密偵が聞いており、スターリンに報告するに違いないのだ。黙っていては疑われる。スターリンは「ありがとう。君の好意は忘れない」と言った。

そして、その翌月の十二月一日、キーロフは暗殺された。実行犯はすぐに捕まった。ニコラエフという党員で、彼の妻とキーロフとが不倫をしており、その三角関係のもつれが殺害動機とされた。

側近の暗殺に政権の危機を感じ取ったスターリンは、すぐにレニングラードへ向かい、「事件の背後関係を徹底的に調べるように」と命じた。

犯人のニコラエフは事件から一カ月も経たない十二月二十九日に銃殺されたが、レニングラードの党関係者約五千人が、事件に関与したとして逮捕され収容所に送られた。

その大捜査の結果、スターリン政権を壊滅させようとの「大陰謀」があったことが明らかになった。そして、その大陰謀には、ジノヴィエフやカーメネフも加担していた――ということになっている。

しかし、一説にはキーロフの人気に嫉妬したスターリンが暗殺を命じ、口封じに実行犯ニコラエフをすぐに銃殺したともいわれている。

スターリンは、子飼いの部下でも自分のライバルになると判断すると、容赦しなかった。もはや狂っているとしか思えない。

スターリンが真の黒幕だったという証拠はないが、キーロフ暗殺事件という党幹部へのテロを口実にして、スターリンによる大粛清が始まった。

暗殺そのものがスターリンの命令ではないにしても、少なくとも、彼は側近の暗殺を自らの権力基盤を確固たるものにするために、利用するのである。

狂気の時代の始まりだった。

■可愛がっていた部下でも、人望がある者は粛清する

大粛清

一九三五年八月、ジノヴィエフとカーメネフがキーロフ事件の首謀者として逮捕された。二人とも一九二八年に復党した後は、閑職に追いやられ、それでもまた除名と復党を繰り返した後、三四年の党大会では二人ともスターリンを指導者として称える演説までさせられた。それなのに、逮捕されてしまったのだ。

二人は禁錮刑を受け収容所に送られた。しかし三六年になると、スターリン指導部に対する

大規模なテロの計画が発覚し、その首謀者であるとして告発された。ジノヴィエフは拷問を受けた後、ようやくスターリンとの対面が許され、その場でスターリンから、「命は助けてやるから有罪と認めろ」と言われた。ジノヴィエフは有罪を認めたが、有罪と認めたのだからと死刑になった。カーメネフも同じように処刑された。

ブハーリンはもう少し長く生きた。彼も復権し、一九三五年に新しい憲法が作られた時は、起草にも参加した。だが三六年に当時の役職である党の雑誌「イズベスチヤ」の編集長を解任され、転落が始まる。中央委員候補だったのも解任され、党も除名され、三七年二月に逮捕され、三八年三月に裁判にかけられた。ブハーリンもまた、罪を認めれば命を助けると言われたので認めたが、銃殺された。

ジノヴィエフも、カーメネフも、ブハーリンも、何らテロには関与していない。そもそもテロ計画そのものが存在せず、すべてスターリンの部下がスターリンの気に入るような話をでっち上げたものだった。

粛清は進んでいった。一九三四年の党大会には千九百六十六名の代議員が出席したのだが、そのうちの千百八名がこの一九三四年から三八年までの「大粛清」で処刑された。こんなにも多く反党的な人間がいたとしたら、それだけで組織としては失格であり、そのトップであるスターリンの責任が問われるわけだが、共産党においては、責任を問われるのは常に下の者だった。

この大粛清の実務部隊を指揮していたのが元薬剤師で内務人民委員となっていたヤゴダだった。彼はキーロフ暗殺事件の実行犯のニコラエフと親交があった。そのことからも、スターリンの命令で、ヤゴダがニコラエフを雇って殺したという説が根強いのだ。

キーロフ事件をきっかけにして、スターリンは古参党員を皆殺しにしようと考え、ヤゴダに、全員を逮捕して拷問にかけて有罪の証拠を作って処刑しろと命じていた。

ヤゴダは、しかしスターリンの期待に応えられるほど精神が強くなく、生ぬるかった。

スターリンはもっと冷酷に粛清ができる者として側近のニコライ・エジョフ（一八九五〜一九四〇）を抜擢した。

一九三六年九月にヤゴダは内務人民委員を解任され、エジョフがそのポストに就いた。そして一九三七年三月にヤゴダは逮捕され、「ドイツのスパイだった」と自供させられ、三八年三月に、ブハーリンらと共に有罪となって処刑された。

粛清は赤軍にも及び、一九三七年五月下旬には国家反逆罪で八人の将軍が逮捕され、六月十一日に秘密軍事法廷で裁かれ、軍規違反、国家反逆、外国勢力との通謀の罪で銃殺刑を宣告され、即刻、処刑された。

最終的には赤軍だけで二十六万八千九百五十人が逮捕され、そのうち七万五千九百五十人が銃殺刑、残りの十九万三千人が強制収容所送りとなった。これだけの人材が消滅してしまったせいで、ソ連軍は第二次世界大戦で劣勢になったといわれている。

もはや誰もが感覚が麻痺していた。誰かを密告しなければ、自分がスパイだとして密告され逮捕されてしまう。国中がそんな状態となった。

一九三八年になると、大粛清の弊害が明白となっていた。エジョフが粛清しすぎたため、軍や国家の官僚機構が機能不全に陥っていたのだ。ようするに優秀な人間ほど疑われて、逮捕され、嘘の自供で有罪となって殺されたので、国中が人材不足になった。

こうなった責任は、もちろん「偉大なる書記長」スターリンにあるはずがない。スターリンはエジョフを無視するようになった。それだけでは終わらない。

三八年八月、スターリンの新たな側近、ラヴレンチー・ベリヤ（一八九九〜一九五三）が内務人民委員代理となり、エジョフは解任され、翌三九年四月に逮捕、四〇年二月に処刑された。

その後

「大粛清」と呼ばれる状況は、実質的にはエジョフの解任で終わった。だが、粛清そのものは、ベリヤによって以後も続く。沈静化したのは、一九三九年九月から第二次世界大戦が始まったためである。

一方、トルコへ亡命したトロツキーは、一九三三年にはフランスへ、その後、ノルウェーを経て、メキシコで暮らしていたが、一九四〇年八月二十日にスターリンの放った刺客によって暗殺された。

第二次世界大戦に勝利した後、ソ連は東欧諸国の社会主義革命を支援し、実質的な属国とし、さらに中国や北朝鮮、あるいはベトナムなどアジアの革命も後押しした。アフリカ諸国の独立も支援し、地球の半分がソ連のもの、スターリンのものとなった。支配した面積と人口においては、世界史上最大の権力者がスターリンである。

グルジアの貧しい靴職人の息子から、史上最大の権力者になったのだから、大出世だった。

しかし同時に彼は史上最悪の犯罪者ともなった。

その末路は、自業自得である。

一九五〇年頃から、スターリンはベリヤに不信感を抱くようになっていた。ベリヤもそれを察していた。一九五三年三月一日、スターリンはベリヤやフルシチョフ、マレンコフ、ブルガーニンといった側近たちとの夕食中に倒れ、四日後の三月五日に死んだ。

ベリヤが毒を盛ったとの説やフルシチョフが首を絞めたとか、このスターリンの死の原因にも諸説ある。

スターリンの死後、フルシチョフが党の書記、マレンコフが首相、ベリヤは第一副首相となり、トロイカ体制が樹立されたと思われたが、同年十二月にベリヤはスパイ容疑で逮捕され、死刑となった。

フルシチョフが党大会でスターリン時代の「大粛清」を明らかにしたのは、スターリンの死から三年後の一九五六年二月の党大会での秘密会議だった。しかしすぐに西側に漏れ、世界中に衝撃を与えた。世界史的にも異常な大粛清での犠牲者はいまだにはっきりしないが、数十万人から数百万人まで諸説ある。

そんな自分たちの恥をフルシチョフら新指導部はなぜ、西側に漏れるのを覚悟で公表したのであろうか。

隠しきれないという判断があったからだ。さらに、アメリカなど西側から指摘され暴露されるよりは、自ら発表したほうがいい。このあたりは、不祥事が発覚した場合の企業の広報がどう対応すべきかのサンプルにもなる。

フルシチョフらは、大粛清があったこと、しかし、それらすべては指導者であるスターリン個人の異常性格のせいだとし、ソ連共産党と革命とレーニンには誤りはないとした。

とりあえず、世界は、それで納得してしまった。スターリンは史上最大の犯罪者となり、徹底的に批判されたが、ソ連という国家は全面否定されなかった。

いまとなっては、こんな国家体制が長く続くはずはないと思われるが、それでもなお三十五年も続き、一九九一年十二月にようやく、ソヴィエト社会主義共和国連邦は消滅した。

第三章　毛沢東
――ラスト・エンペラー

スターリン、ヒトラーについては、いまや「いい点など、ひとつもない」ことで世界中の評価は一致しているだろう。政策面では成功した点もなくはないのだが、それらも含め、全否定される。彼らが君臨したソヴィエト社会主義共和国連邦とナチス・ドイツは国家体制として消滅しているから、全否定できる。

しかし、毛沢東が中心になって建国された中華人民共和国はいまなお世界の大国として存在し、毛沢東の作り上げた体制が続いている。毛沢東を全否定することは、現在の中国を根幹から否定することになる。そのため、中国でも毛沢東については「後半は悪かったが、前半はよかった」という評価が一般的となる。

たしかに、毛沢東の前半は第二部で記したように、現場を知らない本社とそれに追随する子会社の無能な経営陣にふりまわされる営業部長のような立場だ。上層部が無能なせいで倒産しかけた企業をどうにか持ちこたえさせた——というのが毛沢東の前半であった。

この倒産寸前ともいうべき中国共産党は、どうやって国内最大シェアを獲得し、さらには市場を独占するまでに成長できたのか。

国共合作、再び

一九三五年一月の遵義会議で復権した毛沢東は、一九三六年十二月、紅軍（共産党軍、後の人民解放軍）の指導機関である中華ソヴィエト共和国中央革命軍事委員会主席に就任し、軍の指導権を掌握した。

だが、共産党全体の実権はまだ握っていない。

この時点での中国共産党と毛沢東の状況を現在の企業にたとえると——ソ連製の「都市労働者の武装蜂起による革命」という商品を押し付けられた中国共産党の営業部隊は、懸命にそれを売り込んだが、中国のマーケットには合わなかった。そのため売上不振に陥り、低迷していた。だが、毛沢東営業部長は、マーケットに合った商品を独自に開発した。「地主から土地を奪い、農民に与える」という商品である。これは局地的ではあったが、ヒットした。しかし子会社の首脳陣はこの独自開発商品を認めず、「そんなものは売るな」「ソ連製商品を売れ」と何度も押し付けた。そこで毛沢東営業部長は「もう、こんなものは売っていられない」とソ連製商品を廃棄し、自分たちで独自開発した商品を自分たちで売っていく覚悟とその体制ができつつあった——そんな状況である。

その直後に、蔣介石が拉致・監禁された西安事件が起きた。

日本の関東軍の謀略で爆殺された張作霖の長男の張学良《ちょうがくりょう》は蔣介石と同盟し、共産党討伐に参加していたが、やがて蔣介石と対立するようになり、密かに周恩来と接触した。蔣介石は張学良を見限ったが、逆に拉致・監禁されてしまったのだ。

張学良と結んでいた共産党は宿敵である蔣介石を殺すことさえ可能となったが、そこに口を出してきたのがスターリンの指令を受けたコミンテルンだった。

日本の傀儡国家としての満州国独立は、日本がソ連と国境を接したことを意味するので、ソ連は危機感を持っていた。ソ連はヨーロッパではヒトラー率いるドイツと対峙《たいじ》しているので、極東での戦争は避けたい。そこで蔣介石に日本と戦わせることで日本を封じ込め、なおかつ国民党軍の戦力を消耗させれば、あわよくば共倒れに追い込み、共産党による革命が実現する——という壮大な計画を描いていた。

かくしてスターリンは「蔣介石を殺すな」と中国共産党へ厳命を下した。毛沢東はこの命令に激怒したと伝えられるが、本社の命令には従わざるをえない。蔣介石と張学良、そして周恩来とが秘密会談をして、何らかの合意ができて、蔣介石は解放された。この時に何が話し合われたのかは、よく分かっていない。

その後、共産党は国民党に対し、「合作」を求める交渉を開始するが、国民党は消極的で、共産党への攻撃もすぐには終わらなかった。翌年七月に盧溝橋《ろこうきょう》事件が起きて日中関係がいよいよ緊張してから、ようやく九月に第二次国共合作が成立した。

ソ連は蔣介石の国民党政府との間で中ソ不可侵条約を結んだ。これによって国民党はソ連からの支援を受けつつ、日本との戦争ができるようになった。ソ連は中国での革命よりも、自国の安全保障を優先させたのである。ソ連共産党の子会社である中国共産党は、見捨てられたも同然だった。しかし、ソ連は中国共産党の支配権も捨てない。以後もモスクワ留学生組を派遣し、中国共産党の遠隔操作をやめないのだ。

だが毛沢東はしたたかだった。過去に国共合作となりながらも蔣介石に裏切られたことを忘れてはいない。日本と戦っている間は提携できても、その後はまた全面戦争となるのは避けられないであろう。毛沢東は「戦後」のことまで考えながら行動する。

毛沢東の戦略としては、国民党を日本軍と戦わせて疲弊させ、自らの兵力は温存するというものだった。毛沢東は、日本軍とは小競り合いはしても激突するのは避け、兵力を温存した。さらには、表面上は日本軍と戦いながらも、裏では手を結んでいた形跡もあるという。

●いまの敵と将来敵になる者をしっかり把握しておく
●宿敵と手を結んで別の敵と戦う時は、宿敵を第一線に行かせ疲弊させる

三人目の妻

一九三八年、毛沢東は女優の江青《こうせい》と知り合った。これは芸名で、本名は李雲鶴《りうんかく》と自称していたが、親が付けた名は李進孩《りしんがい》だったという。一九一四年三月生まれというから、一九三八年には二十四歳である。

江青は貧しい家の生まれで、学費免除という条件で演劇学校に入るが、その学校が閉鎖された。十七歳で最初の結婚をしたが三カ月で離婚した。図書館で働くようになって、そこで共産党員と知り合い同棲して、彼女も党員になる。その男が逮捕されると彼女は逃げて、上海でいつの間にか藍蘋《らんぴん》という芸名で映画女優になっていた。脇役ばかりだったが、映画俳優で監督でもあり映画評論も書くという才能ある映画人と結婚した。その夫のコネで主役を摑もうとしたらしいが、わずか二カ月で結婚生活は破局、夫は自殺未遂を起こすという大スキャンダルとなる。それでも彼女はくじけず、今度は妻子ある演出家と同棲し、駆け落ちして延安へ向かい、

江青という名に変えて芸術学院で京劇の指導をしていた。その地で毛沢東と知り合うのだ。

毛沢東は一九三八年には四十五歳になる。当時の妻である賀子珍《がしちん》は長征での精神的、肉体的な過労から病に倒れ、療養のためモスクワにいた。その留守に、江青は実力者である毛沢東に近づき、籠絡したのである。毛沢東はいとも簡単に江青に夢中になり、妻と離婚し江青と結婚すると言い出した。朱徳や周恩来をはじめとする同志たちは、スキャンダルで知られる江青との結婚には大反対したが、江青を結婚後二十年は党務と政務に関与させないという誓約をして、結婚を認めさせた。

二人は一九三九年に結婚した。そして、結婚後二十年が過ぎると、江青は政治に関わるようになり、中国全土を大混乱、大殺戮に巻き込むのである。誓約は守られたといえば、守られた。

党内抗争

毛沢東は企業でいう営業本部長になっているが、まだ社長ではないし、役員でもない。日本との戦争は続いており、国民党とも停戦になっているだけだ。本社であるソ連の干渉も続いている。そんな状況下、いよいよ毛沢東は中国共産党を完全に掌握するために動き出した。

こういう状況で考えられる手は、いくつかある。本社（ソ連）の幹部を抱き込み、その人の力で社長にしてもらう、社内で多数派を形成して役員会（政治局）でクーデターを起こして社長になる、ライバル企業（国民党）と密かに合併工作を進めて合併後のしかるべき地位を約束させる——しかし、毛沢東はそれら他人の力に頼ることはしなかった。

誰かの世話になって地位を得れば、その誰かの言いなりにならざるをえない。真に権力を握ったことにはならないではないか。では、どうするのか。自分に反対する者を粛清していくのである。

お手本はあった。ソ連でスターリンがやったことを真似すればいいのだ。

一九三五年の遵義会議の後、紅軍は毛沢東、王明《おうめい》、周恩来の「三人組」の集団指導体制となった。王明はソ連留学組のエリートである。つまりソ連とのパイプは太いのだが、中国国内では運動実績も乏しいので党内には人脈がなかった。周恩来はとりあえずは毛沢東と手を結んでいるし、権力欲を見せていない。そこで毛沢東は王明を弱体化させるべく、古参党員たちを抱き込むことにした。

党内にはコミンテルン（ソ連）に対していい感情を持っていない党員たちも多く、彼らの気分と毛沢東の狙いは合致した。王明はコミンテルンの指令のもと、国民党との協力関係維持を担っていたが、これも紅軍の兵士や党員たちからは反発を買っていた。

失脚させる相手を決め、その者に反感を抱いている者を味方にしていく——敵の敵は味方という古典的手法である。

一九四一年になると、停戦していたはずなのに、国民党軍が共産党軍を襲う事件が起きた。王明は国共合作を強く推進していたので、彼の進めてきたプロジェクトの失敗という事態になった。党内での王明への反感は強まった。さらに彼にとって予想もしなかったことに、この戦乱で王明の側近の政治局員も殺されてしまった。王明は失敗と同志を失うという、二重の痛手を負った。

こうして政治局内での勢力バランスが崩れ、王明は失脚した。

一九四一年秋、政治局拡大会議が開かれ、ここから「整風運動」が始まる。これこそが毛沢東による反対派追い落としの粛清だった。

毛沢東が名コピーライターであったことは先に記したが、ここでも「整風運動」というネーミングが冴えている。誰も反対できないイメージだ。この言葉は毛沢東が演説で「三風《さんぷう》整頓」と言って広まった。党が混乱しているので、いったい何が問題なのか議論して整理していこうという内容だ。いまも企業では「人員整理」といって、解雇がなされるが、この整風運動では多くの者が党を追われた。

一九四一年秋の会議で毛沢東は、一九三〇年代の中国共産党の歴史についての演説を行なった。この三〇年代に、いくつもの間違った決定があったのではないかと批判したのだ。そしてその間違いがいまだ解決されていないと言って、それを解決するためには中央委員会のこれまでの議事を記録した資料の再検討が必要で、そのためには中央学習会を設立し自分が責任者になると提案した。

こうして毛沢東を責任者とする中央学習会が設立され、さらに中国共産党の党史を調査するための委員会も設立し、毛沢東はそのメンバーにもなった。

現在の企業では、人事異動で社史編纂《へんさん》室へ配属されれば、一般的には左遷であり、出世コースから外れた窓際族になったと認識されるだろう。だが毛沢東は自ら党史編纂の仕事を買って出た。

一般に歴史は勝者によって書かれるものだ。歴史学者やジャーナリストといった第三者の立場から歴史が記述されるようになるのは、人類の歴史においてはごく最近のことだ。歴代の権力者、王朝が自分の都合のいいように過去を書かせてきたものが、公式の歴史として残る。

企業の社史でも、歴代の社長は失脚した者を除けば礼賛される。成功した事業、よく売れた製品については詳細に書いて自画自賛するが、失敗した事業については何も書かないか、せいぜい「○○に取り組んだが、市場が熟しておらず、撤退した」などと書いて誤魔化すものである。しかし、毛沢東はそんなことはしなかった。

毛沢東はモスクワで開かれた一九二八年の第六回大会以来の党の決議・決定・指示といった文書を集めて、誰が・いつ・どこで・どんなことを言っていたのか、どんな文書を出していたかを調べ上げた。こうした調査は歴史書の編纂に必要な仕事なので、中央書記局が保存していた文書はもとより、指導的立場にいた党員たちからも史料が寄せられた。毛沢東は史料を集め整理することで歴史の作成者になった。

こうして一年かかって膨大な史料集が完成した。するとそこで明らかになったのは、王明らソ連に留学した幹部たちが、左へ行ったり右へ行ったりふらふらしていたことだった。まさに、ご都合主義的な政治路線の姿そのものが明白になった。もともとのコミンテルンの指令が一貫していなかったのだから、当然、中国共産党指導部はふらついていたのだ。そして、そうした決定において、毛沢東はいつも反対していたのに、その主張が却下されていたことも明らかになった。

毛沢東の狙いは、党指導部の過去の過ちを決定づけることだった。王明らソ連留学組の主流派が間違っていたことが証明されれば、その逆に、反主流派だった毛沢東こそが正しかったことになる──論理的には、主流派が間違っていたとしても、反主流派も間違っている可能性があるわけだが、これは政治闘争なので、先に言った者が勝つ。

こうして毛沢東の都合のいい──とはいえ真実でもあったが──党史が出来上がる。

●最終的な地位を獲得する時は、他人の力は借りない
●組織の歴史を知り尽くし、事実関係を利用して采配をふるう
●相手の失敗を誰よりも先に指摘

整風運動

誰が間違っていたかを明らかにした後、毛沢東は演説して、「三風整頓」を唱えた。「風」とは、態度とか風潮という意味で、「三風」とは「党風」「文風」「学風」の三つをいう。「党風」はセクト主義的党活動、「文風」は独善主義的な文章や言葉、そして「学風」とは教条主義的学習のことで、それぞれを是正しなければならないと主張した。

この「三風整頓」も、毛沢東のコピーライターとしての才能を示す。

しかし、いったい誰がセクト主義的で、どういうことが独善的だったり教条主義なのかといったことを決めるのは、毛沢東なのである。いつの間にかそうなっていた。党の歴史をまとめた者こそ最も歴史に詳しいのだから、何が間違っていたかを判定する権限があるからだ。

整風運動によって、毛沢東は党内の反毛沢東派を追い詰めていった。追放された者も多いが、この時点では、必ずしも粛清＝殺戮ではなかった。自己批判を求め、自己批判すれば許したの

である。こうして、反対派だった者は、許してくれた毛沢東に感謝しなければならなくなった。

毛沢東は根拠地作りの闘争においても、国民党軍との戦闘においても、敵軍を全滅させるのではなく、説得して仲間にする戦術を取っていた。いったん捕虜にした敵軍の兵士ですら、仲間になると言えば、赦した。千人の敵軍を皆殺しにしようと思えば自軍からも数百人の犠牲者が出る。ある程度戦って、相手が疲れたところに、「味方になるのなら、すべて水に流そう」と誘うのだ。そうして相手がこちらに加われば、自軍の兵が増えることになる。外国と戦うのではなく、中国人同士の戦いなので、もともと憎み合っているわけではない。これまでの成り行きで戦っている場合が多いので、この戦術はうまくいくことが多かった。

捕虜にした敵軍の兵のなかには、仲間になるのを拒否する者もいた。その場合も、殺してしまうのではなく、金を与えて解放したこともあった。そうすれば、共産党と毛沢東の評判がよくなるという宣伝効果を知っていたのだ。

党内抗争においても、反対派を追い詰めるが、謝罪して過ちを認めれば許すという戦術を取ることで、毛沢東は自分を支持する者を増やしていった。

こうして党内で多数派を形成したおかげで、一九四三年三月の会議で毛沢東は中央政治局主席と中央書記局主席となり、さらに秘密決議として、書記局で意見がまとまらない場合は毛沢東が決定権を持つことになった。

一九四五年の党大会では、「毛沢東思想」という言葉が党規約に指導理念として加えられ、毛沢東は中国共産党中央委員会主席に就任した。

これにて毛沢東の党内抗争は、一応、終わる。

次に目指すのは、国家主席の座である。

- ●組織内の基盤固めをするなら、反抗分子は反省したら許してやる
- ●敵が仲間になると言ったら手下にする。深追いはしない

再び内戦

一九四五年八月、共通の敵である日本が敗北すると、国民党と共産党との間は再び緊張関係になった。それでも、終戦直後は双方が歩み寄る姿勢を見せた。

八月三十日に毛沢東は蔣介石と重慶で会談し、国共和平・統一について議論を始める。以後一カ月以上かかったが、内戦を回避し、蔣介石を最高指導者とする統一国家形成に合意した。

局地的には共産党軍と国民党軍との衝突、戦闘が発生したものの、一九四六年一月には両党以外の政党も集まって、政治協商会議が重慶で開催され、憲法改正案・政府組織案・国民大会

案・平和建国綱領などが採択された。

だが、日本が支配していた中国東北地域の行政機構のあり方や、軍と工場の接収問題、さらには中国共産党が統治していた地方政権と紅軍のあり方について、国民党との間で意見対立が生じた。毛沢東は妥協しなかった。

その結果、国民党大会では共産党への反発から国民党の指導権強化を求める決議が採択され、六月になると蔣介石は国民党軍に共産党支配地区への侵攻を命じた。

そして七月、国共内戦が勃発したのである。この時点では、支配している土地の面積や人口、都市の数や兵力などを考えると、国民党は共産党の四倍の勢力を持っていた。

蔣介石は内戦はすぐに終わると考え総力戦を挑むが、毛沢東はその誘いには乗らず、ゲリラ戦を展開した。国民党軍をわざと農村や山岳地帯に引き込んで、それを包囲するという、従来から得意とする戦法だ。相手のほうが何倍もの兵力を持つ場合、まともに戦ったのでは勝てない。

共産党は内戦の過程で、地主から土地を奪い農民に与えていく解放運動も展開し、農民の支持も得ていった。さらに、「蔣介石政権は日本に代わって中国を侵略しているアメリカの手先だ」と宣伝し、都市の貧しい市民や労働者の支持も得ていった。

中国共産党は陣地の取り合いという内戦をしながら、革命運動もしていたのである。いわば、組織防衛と販売促進との両立だ。

さらに「農民の解放」といった従来の商品だけでなく、日本の敗戦で「反日」の商品価値がなくなったので米ソの冷戦を背景にして「反米」という新製品も売り出した。これがヒットした。国民党政府の役人たちの腐敗がひどかったので、それを訴えたことも共感を呼んだ。

それに対して国民党は、共産党を潰すという以外の大義名分もモチベーションもなかった。かくして兵力では圧倒的に優位だったにもかかわらず、時間が経つにつれて国民党は劣勢になっていった。

共産党軍がゲリラ戦から転じて大反撃に出るのは、一九四八年九月からである。破竹の勢いで国民党軍を撃破していき、ついに翌一九四九年三月に、国民党政府の首都となっていた南京を制圧、秋には蔣介石率いる国民党軍は台湾へ逃れた。

そして一九四九年十月一日、毛沢東は北京の天安門壇上に立ち、中華人民共和国の建国を宣言したのである。

だが、内戦は完全には終息していないし、この新国家の骨格もできていない。何よりもまだ共産党の一党独裁ではなかったし、社会主義国かどうかも決まっていない。

●相手のほうが戦力が強い場合は、まともには戦わない
●敵の悪口を噂としてばらまくネガティブキャンペーンを駆使する

建国

中華人民共和国の臨時の議会として、中国人民政治協商会議が開かれ、憲法ができるまでの暫定的なものとして「共同綱領」が作られた。この協商会議は、党派代表が一六五名、地区代表が一一六名、軍の代表が七一名、人民団体代表が二三五名という構成で、合計五八七名、そのうち党派代表は、一六五名のうちの一四二名が正式代表で、共産党はその中の一六名に留まった。少数派だったのだ。それでも、内戦で勝利したのは紅軍の功績が大きいので、中央人民政府主席には毛沢東が、行政機関である政務院総理(首相)には周恩来が就任した。だが、中央人民政府副主席六名のうち半数は非共産党員で、副総理・閣僚ポストの半数近くも非共産党員という構成でスタートした。

毛沢東の「前半はよかった」とされるのは、このあたりまでだろう。

建国後の毛沢東は大躍進の失敗と文化大革命という歴史的失政によって歴史に刻まれ、「後半は悪かった」と評価されることになる。もっとも、そのような批判は死後のことだ。毛沢東

は死ぬまで権力と権威を維持し、秦の始皇帝以来の歴代の中国皇帝のなかでも最大最強の権力者、まさに最後の皇帝として天寿を全うする。

どうやって彼は失政を誤魔化し、生き延びたのであろうか。「出世」した後の身の処し方の最も成功した例（国民にとっては災厄以外のなにものでもなかったが）として、記していこう。

毛沢東と中国共産党は、まずは民主主義社会の建設を目標にし、社会主義への移行は、「かなり遠い将来」であるとしていた。だが、一九五三年九月に、毛沢東は社会主義への移行を表明した。それは唐突だったので、共産党内でも周恩来や劉少奇《りゅうしょうき》などは驚いた。国民はもっと驚くが、毛沢東はソ連をモデルにした第一次五カ年計画をスタートさせた。あれほどソ連を批判していたのに、建国後は、それを手本にするのである。こうして農業の集団化が推進される。

建国から五年後の一九五四年九月には、全国政治協商会議に代わる最高権力機関として全国人民代表大会が設置され、中華人民共和国憲法が制定された。この憲法には国家主席というポストが設置され、毛沢東が就任した。国務院総理（首相）には周恩来、全人代常務委員長に劉少奇、国家副主席には朱徳《しゅとく》、国務院副総理は一〇名だったがすべて共産党員となり、それ以外の要職もほとんどを共産党員が占めるようになった。

当然、国民からの反発が予想された。そこで毛沢東は一九五六年四月から中国共産党への党外からの批判を大歓迎するという「百花斉放、百家争鳴」運動を始めた。

ようするに、大論争をしようという運動である。

だが、この運動は警戒されたのか、盛り上がらなかった。そこで五七年になると、毛沢東自ら「マルクス主義が批判を恐れるのなら、それは恐れることが間違っている」「いかなる幹部、いかなる政府であろうと、欠点や誤りについては批判を受けるべきだ」と演説し、党員ではない学者や文化人に、「もっと大胆に党の欠点を暴き出してほしい。党は党外の人々を粛清しようとは決して思ってはいない」と呼びかけた。さらには、「批判した者は罪には問わない」とも宣言した。

こうなると、批判しないことのほうが悪いような雰囲気となり、学者や文化人たちから、党や政府へのさまざまな意見、批判が寄せられた。最初は毛沢東もそれに耳を傾ける態度を取っていたが、一九五七年六月になると、批判の声が予想以上に多いのに動揺したのか、「右派分子の狂気じみた攻撃に組織的な力で反撃せよ」という指示を出した。「右派」とは反共産党、反毛沢東という意味だ。

かくして毛沢東が批判しろと言うので意見を言った者のうち五十五万人が「右派分子」というレッテルをはられ、市民権を剥奪され強制労働を強いられた。そのうち過酷な労働で三十万人が死んだ。

ワンマン企業の経営者が、社員に「何か不満があったら、何でも言いたまえ」「みんなの意見を聞きたい」と意見を言わせて、自分に反感を抱いている者を見つけ出して解雇するのと同じだ。

こうして共産党への反対派が一掃され、中国共産党の独裁は強化され、党内では毛沢東独裁が強化された。毛沢東の権力は絶対的なものとなった。

この運動については、最初からすべて毛沢東の陰謀で、このように呼びかけて不満分子を顕在化させるのが目的だったという説と、あまりに自分への批判が多いのに動揺して、慌てて弾圧し始めたという説とがある。いずれにしろ、中国は、毛沢東批判、共産党批判が完全なタブーとなった。

批判を封じる手段として、あまりにも成功した。

> ●最高権力を握ったら、批判を受け容れる姿勢を見せ、反対派をあぶり出して粛清する

大躍進の大失敗

反対派を一掃すると、毛沢東は「鉄鋼などの主要工業生産高でイギリスを十五年以内に追い越す」という目標を掲げた。何の根拠もないもので、いわば口からでまかせである。

しかし、国家主席がそう言った以上、国としてはそれに基づいた計画を立て、実行していかなければならない。

中国は一九五八年から「大躍進」政策を始めた。人民公社を結成して農業の集団化による農産物の増産と、鉄を増産するため、「土法高炉」と呼ばれる原始的な小規模分散生産を採用し、農村での人海戦術による鉄の生産を始めたのだ。しかし質は度外視し、量のみをノルマとして課したため、使い物にならない鉄くずが大量に生産されるだけに終わった。しかも、農民はこの鉄くず生産に動員されたので肝心の農業が疎かになった。それに加えて農村では人民公社が組織され集団化がなされたが、生産意欲を失い、サボタージュする者が多く、生産量が激減した。

こうした現実は、それぞれの地域では把握していたものの、上へ報告すると自分の責任となって粛清されるので、国家と党の中枢は実態が把握できなかった。官僚主義の悪弊である。穀物も鉄鋼も、実際よりも水増しされた数が生産されたと報告された。

一九五九年夏になると、大飢饉が中国全土を襲っていた。秋の収穫も不作となり飢饉をさらに深刻化させた。この事態は中国共産党政治局拡大会議で取り上げられ、毛沢東の昔からの同志である彭徳懐《ほうとくかい》国防部長が「大躍進政策は失敗」だと指摘した。しかし毛沢東は彭徳懐の主張を「党への攻撃だ、右傾機会主義だ」と批判した。

地方の実情を知る者は当初は彭徳懐を支持していたが、この毛沢東の剣幕の前にはたじろぐしかなく、彭徳懐は孤立した。やがて国防部長と中央軍事委員会委員を解任され、文化大革命の最中に逮捕され、拷問死する。

それでも毛沢東はこのままではまずいと感じ、国家主席の座を劉少奇《りゅうしょうき》に譲った。しかし、共産党中央委員会主席の座は維持した。

共産党の方針は変わらない。党は鉄鋼大増産政策を改めて全国に命令した。

その結果、政策は見直されることなく飢饉はさらに続いた。一九五九年から六一年にかけて、正確な数は把握できないが、少なくとも二千万人、多くて五千万人が餓死したとされている。二千万人が餓死したということは、その何倍もの餓死寸前だった者もいることになる。餓死を避けるために、家族、隣人同士で殺し合い、人肉を食べて生き延びた者も多く、中国全土は生き地獄と化した。

一九六二年になって、毛沢東はようやく「大躍進」の失敗を認めた。

以後、経済政策は劉少奇と鄧小平《とうしょうへい》が担当することになるが、毛沢東も失脚したわけではなかった。

そして、三人目の妻、江青とは結婚から二十年が過ぎていた。毛沢東は結婚する際に、江青を二十年は党務と政務に関与させないと周恩来ら同志に誓約したが、その期限が過ぎたのだ。

そしてもはや、毛沢東と江青の間では夫婦関係は破綻しており、毛沢東は若い女をとっかえひっかえ相手にしていた。江青が毛沢東に、女性関係を黙認するのと引き換えに政治活動をさせろと迫ると、毛沢東はそれを拒めなかった。

●多大な犠牲が出るまで失敗は認めない
●権威ポストは譲っても権力ポストは死守する

『毛沢東語録』の出版、そして文化大革命へ

国民にとってはありがたいことに、そして毛沢東にとっては不愉快なことに、劉少奇の経済政策は成功した。生産と生活向上を重視する政策を取ったおかげで、一九六三年から農作物の生産量は上昇し、中国経済は回復していった。

そうなると、ますます毛沢東は誤っていたことになる。しかし、毛沢東に間違いがあってはならない。毛沢東を支持していた林彪は『毛沢東語録』を刊行させると、「毛主席語録を読み、毛主席の話を聞き、毛主席の指示に従おう」と国民に呼びかけた。

そして毛沢東は、経済での失敗をごまかすために、「政治・思想をもっと重視せよ」「階級闘

争を忘れるな」と言い出した。

景気が悪くなると、政治家はそれをごまかすために、教育問題や国防問題を論議したがるが、それと似ている。企業でも、自分の発案で作った新製品が売れない場合、経営者は、「創業の精神に戻ろう」などと抽象的なことを言い出すものだ。

生産量の低下、売行不振といった具体的な数字を伴う「結果」をごまかすには、抽象論に持ち込むのがいちばんいい。

一九六〇年代半ばになると、ベトナム戦争が激化し対外的危機が高まり、中国国内に不満がたまってきた。そこで毛沢東は革命後に教育を受けた若者たちに向かい、「プロレタリア文化大革命」を呼びかけるのである。

一九六六年五月、中央政治局拡大会議が北京で開かれ、毛沢東による「党、政府、軍と各文化界に紛れ込んだブルジョア階級の代表分子、反革命修正主義分子」を打倒するための「中央文革小組」が設置されることになった。

ものごころついた時から、偉大なる指導者として毛沢東を尊敬するように教えられていた若者たちは、その指導者から呼びかけられて感動してしまった。毛沢東に呼応した青年たちは紅衛兵を名乗り、あらゆる既成の文化、秩序を「封建的」「ブルジョア的」だと攻撃するのだ。

破壊活動は若者にとっては楽しい。しかも、主席がそれを命じているのだ。各地でさまざまな紅衛兵組織が結成された。

●具体的な失敗を批判されたら抽象論を唱えてごまかす
●力を失ってきたら、不満を持つ若者をたきつけ、煽り、浮上する

またも多大な犠牲者

六六年八月の中央委員会の全体会議では「プロレタリア文化大革命についての決定」が採択され、「資本主義の道を歩む実権派を叩き潰すこと」などが目標となり、劉少奇の党内序列が二位から八位に、鄧小平は平党員なみに格下げされた。その代わりに二位になったのは林彪だった。そして江青も六九年に政治局委員になり、文化大革命の中心的指導者となった。これまでの鬱憤を晴らすかのように、彼女は大活躍して粛清しまくるのだ。

紅衛兵も暴走し大量殺戮を始めた。その犠牲者の数は、推定でしかないが、数百万から数千万といわれている。人生を狂わされた人の数はいったい何億人になるのだろう。

失脚後、劉少奇は病に倒れていたが、入院先で警備員や医師から暴行を受け、入浴も許されず、一九六九年十月に幽閉されたまま、死んだ。

党内序列二位となった林彪は党副主席兼国防部長となったが、毛沢東の後継者とされたことで、毛沢東が警戒して、関係が微妙になる。それを知った林彪は粛清されるのを防ごうと、一九七一年にクーデターを計画したが失敗した。林彪は航空機で亡命しようとしたが、墜落して死亡した。この事件も、クーデター計画そのものがあったのかを含め謎が多い。

こうなると、国中が疑心暗鬼に陥り、誰もが誰も信用できなくなる。いつ密告されて逮捕されて殺されるか分からない。

日本との戦争、内戦が終わり、ようやく統一国家ができて、地主からも解放され、農民と労働者の国家となったと喜んでいた中国の人々は、その後、戦争や内戦よりも悲惨な飢饉の悲劇に見舞われ、その次は粛清の嵐にぶつかった。

恐怖の時代を終わらせるのは、毛沢東という皇帝の死を待つしかなかった。

●自分に有利に働く暴動は無視する

その後

一九七二年二月、ニクソン米大統領が電撃的に中国を訪問して毛沢東と会談、続いて日本の田中角栄首相も訪中して日中国交回復を決めた。これらは、中国とソ連との関係が悪化したので、敵の敵は味方の法則で実現したものだった。

この頃すでに毛沢東の健康状態は悪化していた。粛清しすぎて人材難となり、周恩来も病気がちとなっていたので、一九七四年に復権した。

鄧小平は一九七四年に復権した。粛清しすぎて人材難となり、周恩来も病気がちとなっていたので、一度失脚させた鄧小平を呼び戻すしかなかったのだ。周恩来は文化大革命の混乱を黙認していたので、粛清もされなかった。そういう生き方もある。

鄧小平は文革を終わらせようとするが、江青らの抵抗にあって挫折した。

一九七六年一月、周恩来が亡くなった。党内序列二位となったのは江青である。貧しい家に生まれた少女が、美貌を武器に男を何度も取り替えることで、ここまで上り詰めたのだ。女帝の誕生かと思われた。

しかし毛沢東は後継者には華国鋒《かこくほう》を指名して、江青政権となるのを防いだ。毛沢東の盟友であった朱徳も七月に亡くなった。

そして九月九日、ついに毛沢東も亡くなった。八十二歳だった。その死を待っていたかのように、十月六日、江青は逮捕され、文化大革命はようやく終わった。

江青は裁判で死刑判決となるが、一九九一年、癌のために自宅での軟禁生活中に自殺した。七十七歳だった。

この夫婦のいびつな関係によって、何億もの人々の人生が破壊されたのかと思うと、言葉がない。

参考文献

ヒトラー関連

『別巻 その時歴史が動いた ヒトラーと第三帝国』NHK取材班編・KTC中央出版・二〇〇三
『ヒトラー全記録 20645日の軌跡』阿部良男・柏書房・二〇〇一
『ヒットラー』水木しげる・世界文化社・二〇〇五
『総統国家』ノルベルト・フライ著 芝健介訳・岩波書店・一九九四
『わが闘争(上・下)』アドルフ・ヒトラー著 平野一郎、将積茂訳・角川文庫・一九七三
『青年ヒトラー』大澤武男・平凡社新書・二〇〇九
『歴史群像シリーズ42 アドルフ・ヒトラー 権力編〝わが闘争〟の深き傷痕』中井晶夫、船戸満之、藤村瞬一、守屋純、丸田淳一、滝田毅・学習研究社・一九九五
『歴史群像シリーズ43 アドルフ・ヒトラー 戦略編 独機甲師団と欧州戦線』川村康之、吉本隆昭、川畑英毅、伊藤裕之助、宇垣大成、川上しげる・学習研究社・一九九五
『ナチス第三帝国事典』J・テーラー、W・ショー著 吉田八岑監訳・三交社・一九九三
『対比列伝 ヒトラーとスターリン(第2巻)』アラン・ブロック著 鈴木主税訳・草思社・二〇〇三
『ドイツ史10講』坂井榮八郎・岩波新書・二〇〇三
『物語 ドイツの歴史』阿部謹也・中公新書・一九九八
『アドルフ・ヒトラー』村瀬興雄・中公新書・一九七七

『新訳 ヒトラーとは何か』セバスチャン・ハフナー著 瀬野文教訳・草思社・二〇一三
『ゲッベルス』平井正・中公新書・一九九一
『ヒトラー・ユーゲント』平井正・中公新書・二〇〇一
『ナチ・エリート』山口定・中公新書・一九七六
『アドルフ・ヒトラー(上・下)』ジョン・トーランド著 永井淳訳・集英社・一九七九
『ナチス運動史 1919年～1940年』ヤーコブ・ザール著 小熊平三訳・知人館・一九九二
『ヒトラー 独裁への道』ハインツ・ヘーネ著 五十嵐智友訳・朝日新聞社・一九九二
『ワイマル共和国』林健太郎・中公新書・一九六三

スターリン関連

『スターリンとは何だったのか』ウォルター・ラカー著 白須英子訳・草思社・一九九三
『赤いツァーリ スターリン、封印された生涯(上)』エドワード・ラジンスキー著 工藤精一郎訳・日本放送出版協会・一九九六
『フルシチョフ秘密報告「スターリン批判」』フルシチョフ著・志水速雄全訳解説・講談社学術文庫・一九七七
『ソ連史』松戸清裕・ちくま新書・二〇一一
『スターリン』J・バーナード・ハットン著 木村浩訳・講談社学術文庫・一九八九
『スターリン 青春と革命の時代』サイモン・セバーグ・モンテフィオーリ著 松本幸重訳・白水社・二〇一〇
『スターリン』I・ドイッチャー著 上原和夫訳・みすず書房・一九六三
『スターリン傳』ルイス・フィッシャー著 向後英一訳・新潮社・一九五四

『スターリン 赤い皇帝と廷臣たち（上・下）』サイモン・セバーグ・モンテフィオーリ著 染谷徹訳・白水社・二〇一〇
『トロツキー その政治的肖像（上・下）』ドミートリー・ヴォルコゴーノフ著 生田真司訳・朝日新聞社・一九九四
『トロツキー（上・下）』ロバート・サーヴィス著 山形浩生、守岡桜訳・白水社・二〇一三
『ロシア革命史（全五巻）』トロツキー著 藤井一行訳・岩波文庫・二〇〇〇～二〇〇一
『ロシアの20世紀――年表・資料・分析――』稲子恒夫編著・東洋書店・二〇〇七
『ロシア 1917』ジョナサン・サンダース編著 藤岡啓介訳・アイピーシー・一九九一

毛沢東関連

『毛沢東』竹内実・岩波新書・一九八九
『毛沢東と周恩来』矢吹晋・講談社現代新書・一九九一
『復刻版 劇画毛沢東伝』藤子不二雄Ⓐ・実業之日本社・二〇〇三
『毛沢東と周恩来 中国共産党をめぐる権力闘争 1930年～1945年』トーマス・キャンペン著 杉田米行訳・三和書籍・二〇〇四
『毛沢東 大躍進秘録』楊継縄著 伊藤正、田口佐紀子、多田麻美訳・文藝春秋・二〇一二
『天安門に立つ 新中国40年の軌跡』ハリソン・E・ソールズベリー著 三宅真理、NHK取材班訳・日本放送出版協会・一九八九
『中国がひた隠す毛沢東の真実』北海閑人著 廖建龍訳・草思社・二〇〇五
『20世紀 どんな時代だったのか 革命編』読売新聞社編 読売新聞社・一九九八
『毛沢東伝 1893-1949（上・下）』金冲及編著 村田忠禧、黄幸訳・みすず書房・一九九九、二〇〇〇
『中華人民共和国史（新版）』天児慧・岩波新書・二〇一三

『シリーズ中国近現代史③革命とナショナリズム』石川禎浩・岩波新書・二〇一〇
『シリーズ中国近現代史④社会主義への挑戦』久保亨著・岩波新書・二〇一一

その他

ブリタニカ国際大百科事典電子ブック小項目版（TBSブリタニカ）
マイペディア電子ブック版（平凡社）
日本大百科全書電子ブック版（小学館）

～スターリンの出世術～

基本戦略 組織のために自分の手を汚す／人の弱みを握り利用する
情報を集める／誰も信用しない

■組織内のあらゆる情報を収集し、管理する
■衣食住、金銭面は女性に支えてもらい、自分の活動に専念
■会議には堂々と常に遅刻し大物そうに見せる
■自分の意見は持たない。会議では最後に整理してすべて持っていく
■現場の底辺のリアルを忘れない
■少数派に属し、その派内で早く上のポストに就く
■目的遂行のためには犯罪も辞さない
■暗部の仕事を請け負う
■汚れた仕事をする時は共犯者を作り相手の弱みを握る
■自分の力を過小評価させ相手を油断させる
■嫉妬の持つ「負のエネルギー」の強さを利用する
■変わり身は早ければ早いほどよい
■失敗したライバルをフォローしてやり、恩を売る
■時が来るまで直属の上司には逆らわない
■どのレベルでも、数の理論を意識して動く
■みんなが嫌う地味で面倒な〝実務〟こそ引き受ける
■自分なしに組織が動かない状況を作る
■最高幹部のたった一人の連絡役になる
■あらゆる情報を収集するため盗聴も辞さない
■疑り深い最高権力者には好かれなくても、ライバルよりは嫌われないように
■最高権力者を追い落とす時は、ライバルと共闘する
■共闘している人間が多い時は、「誰にとっても害のない」立ち位置で
■最大のライバルには嘘の情報を流す
■最高権力者の葬儀は必ず仕切る
■責任あるポストに全員の推挙で就任し、誰も逆らえなくする
■「好かれる」必要はない、誰にとっても「一番嫌いな奴」にさえならなければいい
■自分の敵でも「敵の敵」なら組織に残す。そして利用する
■「共通の敵」の力を奪った後、それまでの同志とは距離を置く
■常に多数派につく。そこを牛耳る
■「敵の敵は味方」の法則が成り立ちそうな時は「敵の敵も敵」として攪乱
■噂を利用して後方からライバルを撃つ
■ライバルを恨んでいる者を重用して、ライバルを粛清させる
■失脚したライバルは徹底的に排除して再起不能に
■可愛がっていた部下でも、人望がある者は粛清する

～ヒトラーの出世術～

基本戦略　あらゆることをオール・オア・ナッシングで決断
勝てる相手としか闘わない

▶経歴を実際よりもみじめに脚色し、底辺から出世した〈伝説〉を作る
▶常に自分に都合よく解釈する
▶敗北・失敗を、大きな勝利・成功のために必要だったと、自分で信じる
▶大きなイメージ作りは細部の改竄から
▶思想信条、信念は持たない
▶どちらが有利かを瞬時に判断
▶言い逃れが可能な道を常にひとつ残す
▶成功したら、自分の入る前の組織は脆弱だったと強調しカリスマ性を高める
▶スピーチ力は大きな武器
▶その時の最高ポストしか引き受けない
▶自分を高め高めに見積る
▶いけると思った時は強気で攻める、ダメと判断したらすぐに逃げる
▶失敗しても反省しない。釈明を自己宣伝の場にうまく変える
▶「沈黙」することで「貸し」を作る
▶留守中に組織を任せる人物は、自分より少し劣った者に
▶全体の統括者になったら得意な分野のみ自分で担当し実績を作る
▶部下に仕事は丸投げし、あれこれ指図しない「理想の上司」となる
▶有能な部下には困難な仕事をやらせ、手柄は自分のものに、失敗したら失脚させる
▶組織内の反対勢力はすぐには潰さない。利用し尽くす
▶自分の地位を脅かしそうな者に、有能な部下はつけない
▶争いたくない相手と対立したら、無視して決着をつけず曖昧にする
▶いらなくなった古参の部下は、窓際に置いて自ら辞めるように仕組む
▶「敵の敵は味方」理論を駆使する
▶内容と組織名とが合わなくなっても、定着していれば変更しない
▶強い相手と交渉してうまくいかない時は決裂を選び、大物のイメージを作る
▶手に負えない分野は無理しない。適任者に任せる
▶実権のない傀儡とは提携しない
▶チャンスが来たら妥協しない。全権を狙う
▶敵の弱みを握って、時に脅迫
▶自分の売り時は焦らない
▶上の人間の弱点は何かを考えて、行動する
▶部下に自分を英雄扱いさせ、自己ＰＲを怠らない
▶現行ルールが自分に不利だったら、ルールを変える
▶数でどうしても劣る時は、邪魔者を消す
▶実力行使の部隊を作る
▶誰からも嫌われている者を徹底的に排除し、黙認した人々が逆らえないようにする
▶あらゆる反対勢力を粛清する
▶粛清は堂々と行ない、人々に恐怖心を植え付け、逆らう気力を奪う
▶最高権力者になったら、それまでと異なる新たな役職名を考案し、「初代」となる

～毛沢東の出世術～

基本戦略 敵が強い間はじっとし、持久戦に持ち込む
大失敗したら、組織をさらに混乱させた上で救世主として登場する
感動的なスローガンを掲げて、人心を掌握する

●若い時の結婚相手は、それなりの社会的地位の娘を狙う
●エリートを自分の右腕にする
●動乱期こそ学歴がない者が出世する時
●尊敬する人物でも、無能と分かったら見限りは素早く
●自分を支援してくれる人々とのつながりを作る
●現場を知らない中枢からの命令は無視
●女好きならば、派手な女遊びを隠さず、堂々と
●自分と対立する組織内部の反乱は容赦なく鎮圧
●お飾りのポストでも一応もらっておく
●左遷されても、組織内部の混乱を待ち、復帰の機会をうかがう
●組織の失敗を、自分の成功のチャンスにする
●自分が勝てるように会議の構成メンバーを決めた上で、勝負する
●組織内で理論闘争は避ける
●一度摑んだチャンスは離さない
●大きな失敗は無視し、小さな成功を強調する
●大衆の心を摑む名コピーをたくさん作る
●いまの敵と将来敵になる者をしっかり把握しておく
●宿敵と手を結んで別の敵と戦う時は、宿敵を第一線に行かせ疲弊させる
●最終的な地位を獲得する時は、他人の力は借りない
●組織の歴史を知り尽くし、事実関係を利用して采配をふるう
●相手の失敗を誰よりも先に指摘
●組織内の基盤固めをするなら、反抗分子は反省したら許してやる
●敵が仲間になると言ったら手下にする。深追いはしない
●相手のほうが戦力が強い場合は、まともには戦わない
●敵の悪口を噂としてばらまくネガティブキャンペーンを駆使する
●最高権力を握ったら、批判を受け容れる姿勢を見せ、反対派をあぶり出して粛清する
●多大な犠牲が出るまで失敗は認めない
●権威ポストは譲っても権力ポストは死守する
●具体的な失敗を批判されたら抽象論を唱えてごまかす
●力を失ってきたら、不満を持つ若者をたきつけ、煽り、浮上する
●自分に有利に働く暴動は無視する

幻冬舎新書 341

悪の出世学

ヒトラー、スターリン、毛沢東

二〇一四年三月三十日 第一刷発行

著者 中川右介
発行人 見城 徹
編集人 志儀保博

発行所 株式会社 幻冬舎
〒一五一-〇〇五一 東京都渋谷区千駄ヶ谷四-九-七
電話 〇三-五四一一-六二一一(編集)
〇三-五四一一-六二二二(営業)
振替 〇〇一二〇-八-七六七六四三

ブックデザイン 鈴木成一デザイン室
印刷・製本所 中央精版印刷株式会社

Printed in Japan ISBN978-4-344-98342-7 C0295
な-1-10

幻冬舎ホームページアドレス http://www.gentosha.co.jp/
*この本に関するご意見・ご感想をメールでお寄せいただく場合は、comment@gentosha.co.jp まで。

六辻彰二
世界の独裁者
現代最凶の20人

世界には金正日よりも、カダフィよりも暴虐な独裁者がたくさんいる。21世紀の独裁国家の支配者20人の素顔を暴き、緊迫する現在の国際情勢を読み解く一冊。

小谷野敦
日本の歴代権力者

聖徳太子から森喜朗まで国家を牽引した一二六名が勢揃い!! その顔ぶれを並べてみれば日本の歴史が一望できる。〈真の権力者はNo.1を陰で操る〉独特の権力構造も明らかに。

中川右介
カラヤン帝国興亡史
史上最高の指揮者の栄光と挫折

世界に名立たる楽団の主要ポストを次々獲得し、二十世紀音楽界の最高権力者として君臨した指揮者カラヤン。比類なき才能をもちながら、争覇の駆け引きにあけくれた帝王の栄華と喪失の裏面史を描く。

中川右介
世界の10大オーケストラ

近代の産物オーケストラはいかに戦争や革命の影響を受けたか? 「カラヤン」をキーワードに10の楽団を選び、その歴史を指揮者、経営者他の視点で綴った、誰もが知る楽団の知られざる物語。

幻冬舎新書

山内太地
就活下剋上
なぜ彼らは三流大学から一流企業に入れたのか

就活の〝学歴格差〟がますます広がる中、三流大学から一流企業の内定を獲得する学生たちがいる。彼ら「勝ち組」の秘訣、さらに偏差値や名前だけではわからない「本当に就職に強い大学」も解説。

伊藤洋介
上司は部下の手柄を奪え、部下は上司にゴマをすれ
会社にしがみついて勝つ47の仕事術

絶対クビにならずに会社人生をまっとうするための、忘れ去られた美徳とも言うべきマナーや義務を多くの具体例と共に詳述する逆説的仕事論。あなたのサラリーマン常識は完全に間違っている!!

相原孝夫
仕事ができる人はなぜモチベーションにこだわらないのか

モチベーションは、ささいなことで上下する個人の気分。成果を出し続ける人は、自分の気分などには関心がない。高いモチベーションなど幻だ。気持ちに左右されない安定感ある働き方を提言する。

副島隆彦
陰謀論とは何か
権力者共同謀議のすべて

「陰謀論者」の烙印を押された著者が、ケネディ米大統領暗殺をきっかけに始まった陰謀論の歴史から、フリーメイソン等の代表的陰謀論の真偽を解き明かす。日本一わかりやすくて正直な全貌究明本。